entdecken:

Lese- und Arbeitsbuch zur Bibel

propheten

Herausgegeben vom
Katholischen Bibelwerk e.V.

Verlag Katholisches Bibelwerk

Redaktion: Dipl.-Theol. Bettina Wellmann
Anschrift der Redaktion:
Katholisches Bibelwerk e.V.
Postfach 15 03 65, 70076 Stuttgart, Tel. 0711-6192063
E-Mail: wellmann@bibelwerk.de

ISBN 3-460-20043-X

Umschlaggestaltung: Tom Eggert, Stuttgart
Layout: Finken& Bumiller, Stuttgart
Gesamtherstellung: fgb · freiburger graphische betriebe

Inhalt

Vorwort

Die Prophetinnen und Propheten Israels gehören zu den aufregendsten Gestalten der Bibel. Sie waren unbequeme Denker, standen quer zum Geist der jeweiligen Zeit. Sie nahmen soziale Missstände und Ungerechtigkeiten mit unglaublicher Sensibilität wahr. Sie geißelten den Machtmissbrauch der Mächtigen, sie stemmten sich gegen sinnlose politische Entscheidungen. Man kommt aus dem Staunen nicht heraus, mit welcher Hellsichtigkeit sie die Defizite der jeweiligen Zeit erkannt und durchschaut haben.

In den Büchern der Propheten finden sich auch aufbauende und tröstende Passagen von unglaublicher poetischer Kraft und Schönheit. Diese prophetischen Verheißungstexte entstanden zumeist in sehr schwierigen Zeiten, etwa im Exil in Babylon, als Resignation und Mutlosigkeit um sich griffen, man keine Zukunft mehr sah. Und wieder reden die Propheten quer, versuchen sie Menschen aus ihrer Resignation herauszureißen, verweisen sie auf die überraschenden Möglichkeiten Gottes, hoffen sie auf die große Wende, die er herbeiführen wird – nicht wunderhaft, sondern durch Menschen, die sich als rettend erweisen.

Den jeweiligen Auslegungen und thematischen Beiträgen sind Hinweise für die Bibelarbeit in Gruppen beigegeben. Wir möchten Sie auch mit diesem Lese- und Arbeitsbuch ermutigen, einzelne Prophetengestalten und das Phänomen der Prophetie im Gespräch miteinander zu entdecken – das können spannende Gruppenerfahrungen werden!

Dr. Franz-Josef Ortkemper, Direktor des Katholischen Bibelwerks e.V.

Spinner, Künstler, Querulanten
Clowns und Humbuglieferanten
Wortgewitzte Überhitzte
Streikende und Demonstranten

Propheten mischen sich ins Gedränge
rufen mal mit und mal gegen die Menge
sie schreien laut »Stopp«! wenn was nicht klappt
und einer ward beim Graffitimalen ertappt

Ania Tomczyk

die WELT im ARM
W. Abel

Hans-Joachim Remmert

Was Propheten zu Propheten macht

Eine fiktive Talk-Show

Moderatorin: Das II. Vatikanische Konzil stellte 1965 fest: »Als Teilnehmer am Amt Christi, des Priesters, Propheten und Königs, haben die Laien Anteil am Leben und Tun der Kirche.« Solche und ähnliche Äußerungen haben in den vergangenen fast vier Jahrzehnten zu einem bemerkenswerten Aufbruch in der Kirche geführt. Allerorten legen die Laien nicht mehr die Hände in den Schoß und warten, was die Priester tun. Sie nehmen die Anliegen der Kirche selbst in die Hand. Heute Abend wollen wir der Frage nachgehen, ob diese Entwicklung tatsächlich auch neue Propheten hervorgebracht hat, bzw. ob die, die sich heute als Propheten bezeichnen, tatsächlich welche sind. Wir haben dazu wie immer interessante und kompetente Gäste eingeladen, die wir Ihnen am Anfang unserer Sendung vorstellen möchten:

Hintergrund-Stimme 1: Als unser erster Gast Mose in Ägypten geboren wurde, wäre er fast Opfer einer beispiellos grausamen Aktion des Pharaos geworden, welcher damals alle Erstgeborenen des Volkes Israel töten ließ. Mose jedoch wurde in einem Binsenkörbchen am Ufer des Nils ausgesetzt, dort von einer Tochter des Pharaos aufgefunden, die das Kind voll Mitleid aufnahm und großzog. Als Mose dann in jugendlichem Alter die Unterdrückung seiner Volksgenossen mit ansehen musste, tötete er im Affekt einen der ägyptischen Sklaventreiber und musste daraufhin nach Midian fliehen. Dort konnte er nicht nur eine Frau, sondern auch ein Auskommen in der Landwirtschaft seines Schwiegervaters finden. Kein Wunder also, dass sich Mose zunächst heftig gegen den Auftrag Gottes wehrte, zurück nach Ägypten zu gehen und dem Pharao ins Gesicht zu sagen, dass Gott sein Volk in die Freiheit führen werde. In Midian wäre es beileibe für Mose gemütlicher gewesen als in Ägypten.

Hintergrund-Stimme 2: Seine Schwester Miriam ist die einzige Frau in unserer heutigen Runde. Mit ihren beiden Brüdern Mose und Aaron wird sie als eine der drei entscheidenden Führungsgestalten des Exodus verehrt. Die Bibel lässt keinen Zweifel daran, dass auch Miriam eine Prophetin ist. Als die Ägypter hinter den Israeliten her jagten, war sie es, die mit ihrer Pauke dem Volk Mut machte. Noch immer einzigartig ist in der Geschichte des Volkes Israel, dass Miriam damals alle Frauen zum Aufstehen und Tanzen brachte – der Beginn der Frauenbewegung, wenn man so will.

Hintergrund-Stimme 3: Der Prophet Elija ist bis zum heutigen Tag einer der bedeutendsten und wichtigsten Propheten des Volkes Israel. Er kommt aus Tischbe in Gilead und war ein Zeitgenosse der Könige Ahab und Ahasja (9. Jh. v. Chr.) Ahab hatte damals aus vermutlich machtpolitischen Gründen Isebel, die Tochter Etbaals, des Königs der Sidonier, geheiratet. Das Besondere lag darin, dass Isebel einer anderen Religion angehörte und deshalb nicht nur den Baalskult in Israel förderte, sondern auch danach trachtete, die Verehrung von Jahwe systematisch auszurotten. Es wäre ihr auch fast gelungen, wenn sich ihr nicht damals Elija mit aller Kraft in den Weg gestellt und den Glauben an Jahwe hochgehalten hätte. Bei diesen Kämpfen mit Isebel ging es für Elija einige Male um Leben und Tod.

Hintergrund-Stimme 4: Ganz so gefährlich wurde es für unseren vierten Gast, den Propheten Amos zwar nicht, aber immerhin wurde er von Amazja, dem mächtigen Priester des Heiligtums in Bet-El, des Landes verwiesen und ihm jegliche Tätigkeit als Prophet im Nordreich untersagt. Dabei ist Amos tatsächlich ein Bewohner des Süd- und nicht des Nordreichs. Da die sozialen Zustände im 8. Jh. v. Chr. jedoch katastrophale Ausmaße annahmen, hielt es den Maulbeerfeigenzüchter Amos nicht mehr im eigenen Land. Er ging ohne Furcht und Schrecken über die Grenze in die Machtzentren des Nordreichs, um dort den Reichen das Gericht Gottes für ihre Ungerechtigkeit den Armen gegenüber zu künden. Dabei ließ er kein gutes Wort an Kult und Gottesdienst – sie waren für ihn scheinheilige Veranstaltungen, die mit der Menschenfreundlichkeit Gottes nicht das Geringste zu tun hatten.

Moderatorin: Eine illustre Gesprächsrunde, die uns also heute Abend erwartet: Männer und eine Frau, die uns sicherlich sagen können, was einen Propheten zum Propheten macht. Amos, wenn ich mich mit dieser Frage gleich einmal an Sie wenden dürfte!

Amos: Ich habe damals dem Priester Amazja ins Gesicht gesagt: »Ich bin kein Prophet und kein Prophetenschüler.« Das ist auch heute noch meine Überzeugung. Ich glaube, dass es eigentlich gar nicht *den* Propheten oder *die* Prophetin gibt. Die sich mit dem Wort »Prophet« wie mit einem Titel schmücken oder ihn gar als Amt begreifen, waren mir immer verdächtig. Die angeblichen Propheten an den Wallfahrtsorten sind für mich Scheinheilige, die nur ihre Bäuche damit mästen. Nein, Propheten gibt es eigentlich nicht, aber es gibt Menschen, die prophetisch reden, weil sie von Gottes Wort ergriffen werden. »Der Löwe brüllt – wer fürchtet sich da nicht? Gott, der Herr spricht – wer wird da nicht zum Propheten?« (Am 3,8) So habe ich es einmal niedergeschrieben – dazu stehe ich auch heute noch. Prophetie ist eine Berufung, aber kein Beruf.

Moderatorin: Mose, würden Sie sich auch nicht als Prophet bezeichnen?

Mose: Das haben andere getan, für die ich zum Prophet geworden bin. Sie haben erfahren, dass das, was ich gesagt habe, nicht einfach mein Wort war, sondern gleichzeitig auch das Wort Gottes. Deshalb haben sie mich aber erst im Nachhinein als »Prophet« bezeichnet. Als Berufspropheten habe ich mich deshalb nie verstanden. Da kann ich Amos nur beipflichten.

Miriam: Ich könnte hier meine eigene Erfahrung ergänzen, dass es auch Zeiten gab, in denen ich mich selbst als so wenig prophetisch erlebt habe, dass ich mich heute gar dafür schäme: Damals, als Aaron und ich der Meinung waren, dass Mose nicht recht vor Gott gehandelt, weil er eine Kuschiterin geheiratet hatte, musste ich auf sehr leidvolle Weise erkennen, dass eigentlich nicht Gott, sondern unser Neid und unsere Eifersucht aus uns gesprochen hatten. Propheten sind längst nicht immer prophetisch.

Moderatorin: Elija, sie waren doch aber nun wirklich ein Prophet.

Elija: Sicherlich war ich auf andere Weise Prophet wie meine drei Vorgänger. Es galt in einer Zeit, in der der Glaube an Jahwe permanent in Gefahr stand, ausgerottet zu werden, dem mit großer Leidenschaft und eben solcher Kontinuität entgegen zu stehen. Dadurch entsteht fast der Eindruck, es handle sich um eine Art Beruf oder Amt. Aber ich möchte mich trotzdem der Meinung meiner Kollegen anschließen: Prophetisches Reden benötigt die Verbindung zu Gott. Und die kann mir eben auch einmal fehlen. Die ist nicht dauernd in gleicher Qualität vorhanden. Ich muss immer wieder nach dieser Verbindung suchen. Manchmal habe ich den Eindruck, auch Gott muss zu mir immer wieder diese Verbindung suchen.

Moderatorin: Aber wer sagt mir denn, dass Sie tatsächlich Verbindung zu Gott haben und kein falscher Prophet sind?

Elija: Das war bei mir damals verhältnismäßig einfach. Schließlich war ich der einzige, der für Jahwe eintrat. Die anderen waren entweder Baals-Anhänger oder waren durch Isebel getötet worden. Trotzdem hat das Volk natürlich gezweifelt, ob ihnen in mir tatsächlich die Stimme eines lebendigen oder eines toten Gottes begegnet.

Mose: Wir müssen Sie vielleicht darüber aufklären, dass wir in der hebräischen Sprache gar nicht zwischen Propheten und Falsch-Propheten unterscheiden können. Beide heißen bei uns »nabi«. Vielleicht ein Hinweis darauf, dass eine Unterscheidung grundsätzlich schwer fällt. Oftmals kann man erst im Nachhinein sagen, ob eine oder einer tatsächlich Gottes Wort verkündet hat. Es gibt da, wie Miriam vorhin zu Recht gesagt hat, keine Automatismen wie etwa: Weil ich Prophet bin, verkünde ich grundsätzlich das Wort Gottes.

Miriam: Die Unfehlbarkeit ist eher eine Erfindung der katholischen Kirche. Ich habe mich als Prophetin nie als unfehlbare Künderin des Wortes Gottes erlebt.

Amos: Dem kann ich nur beipflichten. Mir geht es sogar so, dass mir heute meine eigenen Worte von damals in manchem schon sehr einseitig erscheinen. In einer Hinsicht ist es Wort Gottes, in anderer Hinsicht auch meines. Heute gehen mir viele meiner damaligen Gerichtsworte nicht mehr so leicht über die Lippen. Damals waren sie stimmig und doch auch einseitig.

Moderatorin: Was meinen Sie mit »einseitig«?

Amos: Nun, ich habe den ganzen Zorn Gottes über die sozialen Ungerechtigkeiten in Israel in mir gespürt. Ich habe der reichen Oberschicht alles an den Kopf geworfen. Ich habe sie in die Finsternis schicken wollen. Und ich wollte nichts mehr als Gerechtigkeit vor dem Gericht Gottes. Mein Zorn, meine Wut waren berechtigt, aber eben auch einseitig, weil sie manche andere Perspektiven gar nicht in den Blick bekommen haben. Und hier glaube ich, dass Gott größer ist als unsere menschlich manchmal sehr begrenzten Möglichkeiten, seinem Wort Ausdruck zu geben. Für die Gnade Gottes hatte ich damals keinerlei Sprache. Der Zorn hat alles abgetötet.

Moderatorin: Aber dann wäre Gottes Wort im Munde der Propheten ja gar nicht wortwörtlich Gottes Wort?

Elija: Sie haben Recht. Es klingt paradox, aber es ist so. Als Propheten können wir nie ganz und umfassend sagen, was Gott sagen will. Wir können manchmal auch nur sehr einseitige Bruchstücke dieses Wortes künden. Wir sind ja nur Menschen und nicht Gott. Wir können nie ganz und umfassend Gott begreifen. Er bleibt der je größere. Das kann einen manchmal zur Verzweiflung treiben, weil wir die Sehnsucht in uns tragen, Gott klarer definieren und bestimmen, sein Wort eindeutiger ausdrücken zu können.

Moderatorin: Aber wäre es dann nicht besser zu schweigen, bevor man Gott einseitig, unter Umständen dadurch auch missverständlich verkündet?

Mose: Ich hätte ja gerne geschwiegen. Ich habe mich lange dagegen gewehrt, im Auftrag Gottes zu reden. Ich habe nach allen nur denkbaren Möglichkeiten gesucht, um diesem Auftrag zu entkommen. Aber irgendwann bricht die Leidenschaft Gottes sich in dir Bahn. Irgendwann spürst du, jetzt wird es Zeit zu reden, auch wenn das, was du sagst, eventuell einseitig ist. Bei aller Einseitigkeit glaube ich im Übrigen trotzdem, dass wir immer auch authentisch Stimme Gottes in dieser Welt waren, aber wir haben sein Wort eben auf unsere menschlich begrenzte Weise gesagt. Deshalb ärgert es mich manchmal, wenn wir heute wörtlich zitiert werden, aber der historische und kulturelle Kontext, in dem wir etwas gesagt haben, gar nicht mit bedacht wird. Da wird aus unseren Worten manchmal etwas, was wir gar nicht sagen wollten.

Miriam: Oder glauben Sie etwa, ich würde heute Pauke schlagend ins Westjordanland einziehen, um die Palästinenser zu vertreiben? Es würde mich eher reizen, ein Bündnis zwischen jüdischen und palästinensischen Frauen herbei zu führen, damit wir den Männern endlich mal kräftig die Pauke schlagen, dass die Gewalt in diesem Land ein Ende hat.

Mose (lachend): Miriam, du hast dich wirklich keinen Deut verändert.

Moderatorin: Bevor wir zu der Frage kommen, was Prophetsein heute bedeuten könnte, möchte ich noch einmal zu der Ausgangsfrage zurückkehren: Was macht Propheten zu Propheten? Sind es vielleicht die Inhalte der Botschaft, für die Sie sich eingesetzt haben?

Amos: Gewiss zeigt sich in der Botschaft vieler Propheten, dass soziale Gerechtigkeit eines unserer entscheidenden Themen ist. Da wo die Freiheit, die Gott uns Menschen zugedacht hat, mit Füßen getreten wird, wird es immer wieder Menschen geben, die aufstehen und leidenschaftlich Gottes Wort verkünden. Dieses leidenschaftliche Eintreten für das Wort Gottes, wo es keine Beachtung mehr findet, ist sicherlich eine Wesenseigenschaft der Prophetie.

Moderatorin: Steht Prophetie dann nicht auch im Gegensatz zu institutioneller Macht, die zu Ihrer Zeit vor allem durch die Könige und Priester repräsentiert wurde?

Elija: Da haben Sie in gewisser Hinsicht Recht, denn Propheten haben die institutionelle Machtentfaltung immer kritisch begleitet. Institutionen stehen ja in der Gefahr, sich von ihren Wurzeln zu lösen. So haben die Machthabenden in Israel oftmals die Freiheit vergessen, die für unser Volk wesentlich ist, weil wir sie als Geschenk Gottes begreifen.

Moderatorin: Ist Prophetie dann vielleicht sogar grundsätzliche Kritik an Institutionen?

Elija: Nein, das glaube ich nicht. In Einzelfällen ist unsere Kritik z.B. am Königtum sicherlich sehr geharnischt ausgefallen, wenn ich nur an den Kollegen Jotam und seine Fabel vom König der Bäume denke (Ri 9,7-15). Ich stelle auch die Frage, ob ein absolutistisches System wie das Königtum nicht immer auch die hohe Gefahr des Missbrauchs in sich birgt, aber deshalb würde ich nicht grundsätzlich die Notwendigkeit von Institutionen diskutieren wollen. So sehr wir Propheten z. B. die Priesterschaft kritisiert haben, so wesentlich gehört sie andererseits zu den wichtigen Funktionen innerhalb unserer Religion. Es muss Mittlergestalten geben, die in Wort und Tat Menschen die Wirklichkeit Gottes aufschließen. Prophetische Kritik allein wäre zu wenig für das Heil der Menschen. Unser Glaube braucht beides: Propheten und Priester. Die Schriftstellerin Marie Noël, die Ihrer

Zeit angehört, hat einmal gesagt: »Der Atem Gottes ist in den Propheten. Aber Gott selbst ist in dem Bissen Brot, der jeden Morgen von einer unwürdigen Hand gebrochen wird. Deshalb gehe ich – zwischen einem Priester und sieben Propheten – zum Priester.« Vielleicht ist das ja auch der Grund dafür, dass wir Propheten manchmal so einsam sind ...

Moderatorin: Prophetie ist sicherlich aber nicht nur Kritik ...

Mose: Gewiss nicht! Ich glaube, dass es eine wichtige prophetische Aufgabe ist, immer wieder das Wort Gottes in das Leben von Menschen hinein zu sagen, um ihnen den Weg zu weisen. Prophetie hat für mich in dieser Hinsicht viel mit Führung von Menschen zu tun. Heute würde man geistliche Begleitung dazu sagen. Ich glaube, dass das aber nicht nur in individueller Hinsicht gilt. Es ist wichtig, dass Propheten immer wieder auch Gruppen und Institutionen im Namen Gottes den Weg weisen.

Miriam: Mir lag es als Prophetin am meisten am Herzen, anstößig zu sein – im doppelten Sinne des Wortes: anstößig im Sinne von widerständig, aber auch im Sinne von zum Aufbruch ermutigend. Manchmal brauchen Menschen einen kleinen Stoß, einen Schubser, um die Kraft zum Aufbruch zu bekommen. Hier habe ich oft meine Sendung Gottes auf Menschen hin gespürt.

Moderatorin: Der Exeget Norbert Lohfink hat einmal von Propheten als »Dreinrednern« gesprochen. Vielleicht kann das auf stimmige Weise zusammenfassen, was wir gerade diskutiert haben: Propheten als Menschen, die sich im Namen Gottes auf verschiedenste Weisen einmischen. Kommen wir damit zu der eigentlichen Frage unserer Sendung: Brauchen wir in diesem Sinne auch heute noch Propheten?

Amos: Aber ja! Wenn ich das als gewissermaßen Außenstehender so sagen darf: Die Kirche hat doch immer von den prophetischen Impulsen gelebt, die sie auf manchmal geradezu dramatische Weise bewegt oder verändert haben. Denken Sie nur an Franziskus und die Armutsbewegungen des Mittelalters. Denken Sie aber auch an Johannes XXIII., der für mich in einem weniger papalen als prophetischen Impuls das II. Vatikanische Konzil ins Leben gerufen hat. Was hat dieses Konzil in den letzten 40 Jahren alles bewegt und verändert? Ich glaube fast, Johannes XXIII. wäre damals bei der Ankündigung des Konzils ins Schwanken gekommen, hätte er all das vorher gewusst ... So war das Prophetische in ihm stärker als sein Amt.

Moderatorin: Stehen denn Papst-Sein und Prophet-Sein im Widerspruch zueinander?

Elija: Ich glaube schon. Die Aufgabe des Papstes ist es, die Einheit der Kirche zu wahren, auszugleichen, lebbare Kompromisse zu schaffen. Wir Propheten sind eigentlich fast nie ausgeglichen. Wir sind, wie wir vorher schon diskutiert haben, oft sehr einseitig. Die Kirche braucht beides: Ohne das Ausgleichende des Amts wäre sie ein beständiges Schlachtfeld von Richtungskämpfen. Ohne das Aufrührerische der Prophetie würde sie ihre Lebendigkeit und ihren Bezug zu Gott verlieren.

Moderatorin: Dann wären Kritiker ja keine Nestbeschmutzer, sondern geradezu notwendig.

Amos: Aber ja! Der Theologe Ernst Michel hat 1947 gesagt: »Amt ohne die liebende Verbindung mit dem anvertrauten Leben, mit dem 'Volk Gottes', wird zur Kaste oder zur Diktatur. Amt ohne das lebendige Korrektiv der Ausgesonderten, die aus dem wehenden Geist der Kirche wirken, verhärtet in Satzungen jeder Art. Die Religion der Kirche wird ohne die Ausgesonderten, die sie 'aus Wasser und Geist' erneuern und wandlungsfähig erhalten, zum Ghetto und erstarrt zur Konfession.« Das trifft die Sache.

Moderatorin: Aber gibt es nicht auch viel unsinnige Kritik?

Elija: Damit sind wir wieder bei dem Problem der Falschprophetie. Man kann doch oft erst Jahre später sagen, was wahre, was falsche Prophetie war. Die Kirche sollte die Größe haben, auch falsche oder gar dümmliche Kritik zu ertragen, ohne deshalb gleich zur Waffe der Exkommunikation zu greifen. Was Sonntag für Sonntag von Amtsträgern von der Kanzel verkündet wird, würde den Maßstäben, die an die Kritiker der Kirche angelegt werden, auch oft nicht standhalten. Prophetie ist nur um den Preis der Falschprophetie zu haben. Die Kirche sollte dankbar sein für Kritik. Und sie sollte die Kritik nicht gleich bewerten, sondern erst einmal im Herzen bewegen und sich für das öffnen, was Gott der Kirche durch diese Kritik mitgeben möchte. Manchmal verstehe ich die Bischöfe in dieser Hinsicht nicht: Offensichtlich sind vielen von ihnen 100 Amtsträger, die hinter ihrem Rücken jammern und schimpfen lieber als einer, der ihnen seine Kritik offen ins Gesicht sagt.

Mose: Übrigens habe ich gelesen, dass der australische Kardinal Edward Bede Clancy deshalb nach der Bischofssynode 1990 gesagt hat: »Von künftigen Synoden wäre zu hoffen, dass sie bessere Möglichkeiten bieten, damit die prophetischen Stimmen unter uns das Ohr des Papstes erreichen können.« Ja, das wäre wirklich ein wichtiges Anliegen für die Kirche von heute: Das Feld dafür zu öffnen, das prophetische Stimmen hörbar werden.

Miriam: Wenn ich mir die jammrige Grundstimmung anhöre, die ich oftmals in Kirchengemeinden zu hören bekomme, dann wünsche ich mir – Verzeihen Sie mir das Eigenlob! – Prophetinnen wie mich, die die Pauke in die Hand nehmen und die Leute aufstehen lassen, die ihnen ins Gesicht sagen: Ihr seid das Volk Gottes! Steht auf und zieht in die Freiheit! Habt Mut und gestaltet die Zukunft der Kirche. Ich wünsche mir Menschen mit Visionen, mit »Power«, wie man heute so sagt. Ich glaube, dass Gott heute wie früher solche »Power« in uns entfalten will.

Moderatorin: Ein besseres Schlusswort hätte ich mir wohl auch nicht einfallen lassen können. Ich danke Ihnen herzlich für das Gespräch. Danke auch dafür, dass sie sich als Propheten von einst um Erklärungen und Bedeutungen des Prophetischen für unsere heutige Zeit bemüht haben!

Bibelarbeit

1. Auf den Bibeltext zugehen

A: Es liegen Bilder biblischer Propheten oder Darstellungen heutiger Menschen in der Mitte des Raums. Die Teilnehmerinnen und Teilnehmer (TN) schauen sich die Bilder bei leiser meditativer Musik an und suchen eines heraus, das ihr Prophetenbild am besten trifft. Anschließend stellen sich die TN im Plenum ihre Bilder gegenseitig vor und erzählen dabei etwas von ihrem Prophetenbild.

B: In Kleingruppen sammeln die TN auf Din-A 4-Zetteln Synonyme für das Wort »Prophet« (ein Synonym pro Zettel). Die Zettel werden anschließend im Plenum auf den Boden des Raums gelegt. Danach werden die TN gebeten, sich zu einem dieser Zettel zu stellen und zu erzählen, warum sie dieses Synonym am meisten anspricht.

C: Für Gruppen, die vertraut miteinander und es gewohnt sind, körperbetont zu arbeiten: Die einzelnen TN überlegen sich ein Standbild eines Propheten bzw. einer Prophetin und stellen es den anderen im Plenum vor.

2. Dem Bibeltext begegnen

- Lesen von Amos 7,10-17
- Herausarbeiten, was in diesem Text jeweils unter dem Wort Prophet verstanden wird:
  a) VV. 12/13 Prophetenverständnis des Amazja
  b) VV. 14/15 Das unterschiedliche Verständnis von Prophet (Amt) und Als-Prophet-Reden bei Amos

3. Mit dem Bibeltext weitergehen

- Den Artikel S. 8ff (ganz oder gekürzt) mit verteilten Rollen lesen.
- In Einzelarbeit offene Fragen, Zustimmung und Ablehnung zu Aussagen des Artikels zunächst für sich selbst festhalten.
- Miteinander ins Gespräch kommen über das, was jeden nach dem 2. Schritt bewegt.

Unterschiede im jüdischen und christlichen Kanon in der Prophetie

Die Bezeichnung »Propheten« für einen Buchteil der Bibel wird in der jüdischen und in der christlichen Tradition unterschiedlich verwendet. Der jüdische Kanon der Bibel kennt eine Unterscheidung in »vordere und hintere Propheten«, der christliche Kanon hat nur einen Block »Propheten«.

Jüdische Bibel	*Christliches Altes Testament*
vordere Propheten: Jos, Ri, 1/2 Sam, 1/2 Kön	
drei »große« Propheten: Jes, Jer, Ez	»Bücher der Prophetie«: Jes, Jer, *Klgl*, Ez, *Dan*, Hos, Joel, Am, Obd, Jona, Mi, Nah, Hab, Zef, Hag, Sach, Mal
zwölf »kleine« Propheten: Hos, Joel, Am, Obd, Jona, Mi, Nah, Hab, Zef, Hag, Sach, Mal	

Christliche Bibelleser/innen wird vielleicht überraschen, dass die Geschichtsbücher Jos–1/2 Kön zu den Propheten gerechnet werden. In ihnen spielen jedoch Prophetinnen und Propheten als »Motoren der Geschichte« eine wichtige Rolle wie z. B. Debora (Ri 4,4), Natan (1 Kön 1), Ahija aus Schilo (1 Kön 11), Micha ben Jimla (1 Kön 22), Elia und Elischa (1 Kön 17-19), Hulda (2 Kön 22) oder die Frau von En-Dor (1 Sam 28). Auch Josua und Samuel gelten als Propheten (so bezeichnet in Sir 46). Die Aufteilung der Jüdischen Bibel erweitert den Blick: Propheten waren nicht nur wenige »Ausnahmemänner«, nach denen ein biblisches Buch benannt ist. Vielmehr gab es in Israel weit verbreitet das Phänomen, dass Männer und Frauen berufen wurden, zwischen der Botschaft Gottes und dem Volk zu vermitteln.

Propheten warnen
warten nicht
bis sich etwas tut
sie reißen Mauern nieder
der Gleichgültigkeit
sie haben Mut

sie werfen Sandkörner
der Liebe
ins Getriebe
der Bürokratie

sie werden nicht müde
zu mahnen
zu rufen
Menschen
zur Tat
zu berufen

Ania Tomczyk

Franz-Josef Ortkemper

Jeremia

Ein Prophet am Anfang

Der Prophet Jeremia wird zwischen 650 und 645 v. Chr. in Anatot geboren, einem kleinen Städtchen in der Nähe von Jerusalem. Als junger Mann, um die 20 Jahre alt, erfährt er 627/26 seine Berufung zum Propheten. Sein Wirken fällt in eine politisch äußerst bewegte Zeit. Das assyrische Großreich verfällt zunehmend, die Babylonier steigen schließlich zur führenden Großmacht auf. Das Königreich Juda mit der Hauptstadt Jerusalem, am Rande des assyrischen Großreichs gelegen, wird in den Strudel dieser Ereignisse hineingerissen. Die Eroberung Ninives im Jahr 612 kündigt das endgültige Ende der assyrischen Macht an. Ab 609 wird zunächst Ägypten Besatzungsmacht in Jerusalem, dann dringen im Jahr 605 die Babylonier nach Palästina vor.

Jeremia und seine Zeit

In Jerusalem träumt man immer noch von nationaler Größe. Deswegen betreibt man eine (von Jeremia erbittert bekämpfte) antibabylonische Politik – im falschen Vertrauen auf die Hilfe der Ägypter. Das führt schließlich zur Belagerung und Eroberung der Stadt durch Nebukadnezzar im Jahr 597. Die Oberschicht Jerusalems wird nach Babylon weggeführt; Jeremia bleibt in der Stadt. Doch immer noch träumt man in Jerusalem von nationaler Selbstständigkeit, verbündet sich mit den Ägyptern gegen Babylon. Das führt zur endgültigen Zerstörung Jerusalems 587 (nach anderer Rechnung 586). Nach der Ermordung des von den Babyloniern eingesetzten Statthalters wird Jeremia von einer Gruppe von Landsleuten zusammen mit seinem Weggefährten und Schreiber Baruch nach Ägypten verschleppt. Dort verliert sich seine Spur.

Die Lektüre des Buches ist für den Bibelleser einigermaßen verwirrend. Denn sein Text ist nicht aus einem Guss. Er ist vielfach überarbeitet worden, ein Zeichen dafür, wie sehr die Person und Botschaft des Propheten die nachfolgenden Generationen beschäftigt und bewegt haben. Trotzdem ist die Lektüre aufregend, denn von keinem der anderen alttestamentlichen Propheten wissen wir so viele Einzelheiten seiner persönlichen Lebensgeschichte.

Berufung zum Propheten

Die Berufungsszene Jer 1,4-10 ist wohl erst im Rückblick auf das Wirken des Propheten geschrieben. Vielleicht liegt ihr aber ein Selbstbericht des Propheten zugrunde. Diese Szene macht gleich am Anfang sowohl den Auftrag als auch das Geschick Jeremias deutlich. Zugleich verrät sie etwas über seine psychische Konstitution. Jeremia ist ein eher scheuer, ängstlicher junger Mann.

4 *Das Wort des Herrn erging an mich:*
5 *Noch ehe ich dich im Mutterleib formte, habe ich dich ausersehen,*
noch ehe du aus dem Mutterschoß hervorkamst, habe ich dich geheiligt,
zum Propheten für die Völker habe ich dich bestimmt.
6 *Da sagte ich: Ach, mein Gott und Herr,*
ich kann doch nicht reden, ich bin ja noch so jung.
7 *Aber der Herr erwiderte mir: Sag nicht: Ich bin noch so jung. Wohin ich dich auch*
sende, dahin sollst du gehen, und was ich dir auftrage, das sollst du verkünden.

8 *Fürchte dich nicht vor ihnen; denn ich bin mit dir, um dich zu retten – Spruch des Herrn.*
9 *Dann streckte der Herr seine Hand aus, berührte meinen Mund und sagte zu mir: Hiermit lege ich meine Worte in deinen Mund.*
10 *Sieh her! Am heutigen Tag setze ich dich über Völker und Reiche;*
du sollst ausreißen und niederreißen, vernichten und einreißen,
aufbauen und einpflanzen.

Prophet für die Völker

Von dieser Stunde an bestimmt der Ruf Gottes die gesamte Existenz des Propheten. Schon ehe er ins Leben getreten ist, hat Gott ihn wahrgenommen, erkannt, ergriffen und geheiligt, das heißt, zum Propheten ausgesondert (Gunther Wanke). Seine Sendung soll weit über den Raum Israels hinausreichen, er soll Bote Gottes für die Völker sein.

Jeremia schrickt zurück, fühlt sich solchem Auftrag nicht gewachsen, wie es in Ex 4,10 von Mose erzählt wird und in 1 Kön 3,7 von Salomo. Jeremia verweist auf seine Jugend und auf seine mangelnden rhetorischen Fähigkeiten. Sehr sympathisch wird das geschildert, wie dieser Prophet sich am Anfang als eher zurückhaltender, ja scheuer junger Mann zeigt. Gott weist Jeremias Ängstlichkeit nicht nur zurück, sondern gibt ihm die Zusage seiner rettenden Nähe. »Ich bin mit dir« – darin schwingt die Auslegung des Gottesnamens »Jahwe« aus Ex 3,14f mit. Die Gottesrede macht indirekt deutlich, dass Jeremia bei der Erfüllung seines Auftrages Widerstand und Anfeindungen wird erfahren müssen – und die werden ihm in reichlichem Maß zuteil werden! Gott verspricht dem Propheten Nähe und Rettung. Mehr noch: Gott berührt seinen Mund, eine im Alten Testament einzigartige Geste. Sie macht sinnenhaft deutlich: Der Prophet führt Gottes Wort im Mund. Das gibt dem jungen Mann seine Autorität und Kompetenz.

Irritierend wirkt der Abschluss in Vers 10: Zwei negativen Paaren von Verben steht nur ein einziges positives gegenüber! Prophetie ist Widerstand. Prophetie ist unbequem, nicht nur für die, zu denen der Prophet gesandt ist, vor allem für den Propheten selbst. Er hat nicht Gefälligkeiten zu sagen, sondern Gottes Wort auszurichten, ob es den Menschen nun passt oder nicht.

In Jer 1,17-19 wird die Zusage Gottes in eindringlichen Bildern wiederholt. Dort wird noch deutlicher, wie viel Widerstand der Prophet zu erwarten haben wird, aus allen Bevölkerungsschichten und von den staatlichen wie religiösen Autoritäten. Wird der junge, schüchterne Jeremia dem gewachsen sein?

Ein langer Leidensweg

Mit der Berufung beginnt für Jeremia ein langer Leidensweg. Sein Auftrag ist es, gegen Unrecht und Unterdrückung in seiner Umgebung anzugehen, den Reichen und Mächtigen ins Gewissen zu reden, sich politisch einzumischen. Doch damit stößt er auf erbitterten Widerstand. Wie könnte es anders sein? Er mischt sich in die Politik ein, sieht langfristige Gefährdungen mit großer Hellsichtigkeit voraus. Man hört ihn nicht. Man regt sich über ihn auf oder lacht über ihn oder ist empört: Dieser Defaitist und Miesmacher! Die Mächtigen und die Bürger wollen sich nicht stören lassen in der Ruhe ihrer überkommenen Denkmuster. Jeremia muss schließlich ohnmächtig mit ansehen, wie sein Volk in die Katastrophe schlittert. Immer wieder hat er davor gewarnt, verhindern kann er sie nicht. Jerusalem wird von den Babyloniern dem Erdboden gleich gemacht.

40 Jahre lang wird Jeremia seine Aufgabe durchhalten. 40 Jahre lang wird er gegen den Strom schwimmen. Der junge Mann wächst schier über sich selbst hinaus. Oft fühlt er die Versuchung aufzugeben. Manchmal

träumt er davon seine Ruhe zu haben, statt sich ständig einmischen zu müssen, den Menschen die Wahrheit sagen zu müssen, die sie doch nicht hören wollen. Doch kommt er von seinem Auftrag nicht los. Seine berühmten Klagelieder, in denen er seiner Not, Einsamkeit und Enttäuschung Luft macht, die sogenannten »Bekenntnisse«, gehören zu den eindrucksvollsten Stellen des Jeremiabuchs. Sie erinnern oft an die Sprache der Klagepsalmen. Ein Beispiel (Jer 20,7-9):

7 *Du hast mich betört, o Herr, / und ich ließ mich betören; /*
du hast mich gepackt und überwältigt.
Zum Gespött bin ich geworden den ganzen Tag, / ein jeder verhöhnt mich.
8 *Ja, sooft ich rede, muss ich schreien, /*
»Gewalt und Unterdrückung!«, muss ich rufen. /
Denn das Wort des Herrn bringt mir / den ganzen Tag nur Spott und Hohn.
9 *Sagte ich aber: Ich will nicht mehr an ihn denken / und nicht mehr in seinem*
Namen sprechen! / so war es mir, als brenne in meinem Herzen ein Feuer, /
eingeschlossen in meinem Innern. /
Ich quälte mich es auszuhalten / und konnte nicht.

Enttäuschung über Gott

Jeremia ist von Gott tief enttäuscht. Er fühlt sich nicht nur von ihm im Stich gelassen. Er fühlt sich geradezu betrogen, hintergangen. Das in V. 7 mit »betören« übersetzte hebräische Verb kann auch die Verführung eines Mädchens bezeichnen. Wie ein naives Mädchen, das man verführt hat und nun sitzen lässt, so fühlt er sich von seinem Gott hintergangen. Worte hart an der Grenze… Jeremia wird hier als ein äußerst sensibler Mensch gezeichnet, der unter der Last seines Auftrages zu zerbrechen droht. Nicht nur, dass seine Predigt abgelehnt wird. Sie stößt geradezu auf höhnisches

Gelächter. Die Menschen übergießen ihn mit Spott: Wo bleibt denn das angekündigte Gericht Gottes? (vgl. Jer 17,15).

Am liebsten würde Jeremia aufgeben. Immer nur gegen den Strom schwimmen zu müssen, immer nur den Menschen entgegentreten zu müssen – das hat ihn in eine Zerreißprobe gebracht, die er kaum noch glaubt aushalten zu können. Der Text ist ein erschütterndes Zeugnis tiefer Enttäuschung über Gott. »Fürchte dich nicht vor ihnen, denn ich bin mit dir«, so hatte Gott ihm am Anfang versprochen. Ich bin mit dir? Leere Worte! Du hast mich betört, Herr, hast mich betrogen, mich allein gelassen, so bricht es bitter aus ihm heraus. Und doch kann Jeremia nicht einfach den Bettel hinwerfen und aufgeben. Der Vers 9 zeigt, wie sehr er dieser Versuchung der Resignation immer wieder ausgesetzt ist und ihr dann doch nicht erliegt. Er kann von dem an ihn ergangenen Auftrag nicht lassen. Das Wort Gottes verschweigen, das brächte ihn in noch größere innere Not.

Ein Durchhalten 40 Jahre lang

Umso erstaunlicher ist, mit welcher Zähigkeit der Prophet seinen Auftrag 40 Jahre lang durchhält, wie er immer wieder anfängt, wie ihm plötzlich Kräfte zuwachsen, die man ihm anfangs gar nicht zugetraut hätte. Vielleicht lesen Sie mal einige Stücke im Jeremiabuch. Lesen Sie Jer 16,1-9, einen Text, der uns ahnen lässt, ein wie einsamer Mann Jeremia gewesen ist. Lesen Sie das Klagelied Jer 15,10-21, das seine völlige Isolierung erkennen lässt. Sein Lebenswille ist dahin. Mit aller Welt liegt er in Feindschaft und Streit, alle lehnen ihn ab. Dieser Klagegesang zeichnet Jeremia als einen Mann, dem sein Auftrag zur drückenden Last wird. Und doch gibt er nicht auf. Wenn Sie Jer 18,18-23 lesen, werden Sie merken, welchem Widerstand Jeremia ausgesetzt ist. Seine Gegner scheuen auch vor Intrigen und Denunziationen nicht zurück.

Überraschende Ausdauer

Im Berufungsbericht und in den Bekenntnissen begegnet uns zunächst ein eher schüchterner Mensch. Doch macht schon die Berufungserzählung deutlich, wie große Widerstände Jeremia bei seiner Aufgabe wird bewältigen müssen. Er hat im Laufe der 40 Jahre eine unglaubliche Ausdauer gezeigt, hat erstaunliche Kräfte von Courage und Mut entwickelt. Er hat sein Leben lang fast nur Misserfolge gehabt und doch nicht aufgegeben. Er hat durchgehalten, auch wenn das ganze Land gegen ihn stand. Dieses schier unglaubliche Durchhaltevermögen versteht die Berufungserzählung als Gottes Geschenk.

Um das zu ermessen sollten Sie einige der im folgenden angegebenen Texte aus dem Jeremiabuch lesen. Jer 27,1-22 schildert eine der typischen Symbolhandlungen: Jeremia legt sich ein Joch auf seine Schultern; mit dieser symbolischen Handlung will er die Mächtigen in Jerusalem bewegen, die politischen Realitäten anzuerkennen und sich dem Joch des Königs von Babel zu beugen. Es hat keinen Sinn, sich gegen die politischen Realitäten zu stemmen. Jeremia setzt realistisch auf einen Kompromiss mit den Babyloniern. Ähnlich aufregend ist der Brief, den Jeremia aus Jerusalem an die 597 nach Babylon Verbannten geschrieben hat (Jer 29,1-23). Er ruft die nach Babel Verbannten auf, sich auf einen längeren Aufenthalt einzurichten, Familien zu gründen, ihre neue Situation zu akzeptieren. Jer 29,26-28 zeigt, wie man den Propheten in Jerusalem damals eingeschätzt hat: Als »Spinner«, den man möglichst aus dem Verkehr ziehen sollte. Eine eindrucksvoll aufgebaute Geschichte findet sich Jer 36. Jeremias Weggefährte Baruch hat die Worte des Propheten in eine Buchrolle geschrieben. Schließlich darf er sie dem König vorlesen. Etwas ungeheuerliches geschieht: Bei der Verlesung schneidet der König Stück für Stück von der Rolle ab und wirft die Texte ins Feuer, und dann heißt es in Vers 24: Niemand erschrak ... Die Arroganz der Macht, die eine prophetische Stimme nicht hören will – und gerade so ins Unheil hineinschlittert. In den verwirrenden Monaten vor der endgültigen Zerstörung Jerusalems wird Jeremia mehrmals gefangen gesetzt. In 38,1-13 wird seine Rettung aus der Zisterne erzählt, in die man ihn geworfen hat. Man hatte ihn der »Wehrkraftzersetzung« bezichtigt (Vers 4). Ausgerechnet ein Ausländer rettet Jeremia vor dem sicheren Tod.

Nach der Einnahme Jerusalems durch die Babylonier, die für ihn ja »Befreiung« bedeutet hat, entschließt sich Jeremia, bei seinem Volk zu bleiben. Er übt Solidarität mit denen, die ihm vorher weithin ihre Solidarität verweigert hatten. Er bleibt im zerstörten Land und erleidet mit vielen anderen eine gewaltsame Verschleppung nach Ägypten, wo sich seine Spur im Dunkel verliert und die tragische und bewegende Geschichte Jeremias zu ihrem Ende kommt.

Jeremia hat in einer unglaublich schwierigen Zeit gelebt. Sein Auftrag hat ihn oft an den Rand einer Überforderung geführt. Und doch hat er ihn 40 Jahre durchgehalten, gegen alle Widerstände. Man hätte es dem anfangs so scheuen jungen Mann überhaupt nicht zugetraut!

»Jeremia spricht uns an als Schriftsteller, vor allem als ein moderner Chronist; seine fixen Ideen sind auch die unseren, ebenso seine großen Themen...: Zweifel an sich und anderen... Einsamkeit... Verzweiflung... Protest... Zeugnis...
Und das letzte Thema: Trost. Der gleiche Prophet, der das Leiden mit ansehen musste, beschreibt auch das Ende des Leidens. Der Chronist der Zerstörung findet auch Worte für den Beginn der Tröstung. Jeremia ist daher der erste – und eloquenteste – jüdische Schriftsteller aller Zeiten.«
(Elie Wiesel)

Bibelarbeit

1. Auf den Bibeltext zugehen →•

Zwei Plakate liegen in der Mitte oder heften an der Wand. Auf dem einen steht »Manchmal überfordert mich…«, auf dem anderen »Manchmal bin ich es leid…« Falls persönliche Äußerungen schwierig sind, sollte die Aufschrift lauten »Menschen fühlen sich überfordert von…« und »Menschen resignieren manchmal, weil…« Bei Musik schreiben die Teilnehmenden (TN) Gedanken auf die Plakate.

2. Dem Bibeltext begegnen →←

1. Jer 1,4-10 wird aufgeschlagen und mit verteilten Rollen gelesen. Die TN äußern sich spontan zum Text. Die Leiterin / der Leiter (L) könnte durch Fragen helfen: Wie haben Sie Jeremia erlebt? Wie empfinden Sie die Gottesreden? L ergänzt weitere Angaben zum Text.
2. L gibt einige Informationen zu Jeremia und seiner Zeit.
3. Die TN lesen Jer 20,7-9. Gedankenaustausch: Wie erfahren Sie den Propheten jetzt?
4. L liest 2-4 weitere Texte aus dem Jeremiabuch vor, um die Widerstände aufzuzeigen, die Jeremia 40 Jahre lang zu bewältigen hatte, und wie er dennoch seinen Auftrag mit großer Zähigkeit durchhält.
5. Jer 1,4-10 wird noch einmal mit verteilten Rollen gelesen

3. Mit dem Bibeltext weitergehen •→

1. Gespräch im Plenum: Wie würden Sie Jeremia jetzt charakterisieren?

2. Ein Lied oder folgendes Gebet beschließt die Bibelarbeit:

Herr, ich möchte manchmal alles,
was sich so wichtig gebärdet,
hinter mir lassen,
meinen Beruf und die unablässige Arbeit,
manchmal sogar meine nächsten Menschen.

Aber dann sehe ich deinen Weg:
zu den Menschen bist du gegangen,
zu den Mühsamen und Schwierigen,
denen so viel Unwichtiges wichtig ist
und mit denen oft so schwer zu leben ist.
Ich sehe deinen Weg und möchte ihn gehen,
aber ich möchte dabei frei sein wie du.

Ich will nicht mehr fragen,
was man von mir erwartet,
sondern hören, was du von mir willst.
Ich will mich nicht mehr ängsten.
Und wenn die Angst mir zu schaffen macht,
soll sie mich nicht mehr überwältigen.
Denn du bist der Geist der Freiheit,
und du hast dich geängstet wie ich.

Herr, mach dem halben Leben ein Ende,
der halben Freiheit und der halben Güte.
Gib mir dich selbst, so bin ich frei.

Nach: Jörg Zink, Wie wir beten können, Kreuz-Verlag: Stuttgart 2002, 205.

Moderne Propheten
hören die Nachrichten
auch zwischen den Zeilen
machen sich einen Reim
auf die Ungereimtheiten
der Berichterstattung

Moderne Propheten
sitzen manchmal
deprimiert
in U-Bahn-Stationen
weil Ginstersträuche
in der Stadt selten sind

Moderne Propheten
wollen ab und zu fliehen
vor der Last
des Redenmüssens
buchen einen Flug
in die Südsee
und bleiben stecken
im Walfisch Stau

Moderne Propheten
sind Publizisten
Busfahrer, Händler
oder Artisten
entscheidend ist nicht
der Beruf
sondern der von innen
vernommene Ruf

Moderne Propheten
schauen in die Gegenwart
weil die Zukunft
noch formbar ist

Ania Tomczyk

W. Abel

Annegret Puttkammer

Elija

Ein Prophet am Ende

Elija in der Wüste, erschöpft unter einem Dornstrauch liegend und von Gottes Boten versorgt ... Elija am Gottesberg Horeb, versteckt in einer Höhle, und Gott begegnet ihm in einem sanften Säuseln ... Elija, ein Kämpfer für Gottes Sache, der darüber ans Ende seiner Kräfte kam und dann von Gott wieder aufgerichtet und neu gesandt wurde ...

... diese Erzählungen sind vielen Menschen in der Bibelwoche, bei Einkehrtagen oder Exerzitien bereits begegnet. In ihnen kommt Elija uns mit unseren Erschöpfungszuständen, mit unserem »burn-out-Syndrom« sehr nahe, und wir erfahren seine Geschichte als Stärkung und Zuspruch. Und doch ist uns Elija in vielem auch sehr fremd – denn seine Zeit war eine Zeit der Konflikte und der Gewalt, in die dieser Prophet kräftig verwickelt war.

Wer war Elija?

Der Prophet Elija wirkte hauptsächlich in der Zeit des Königs Ahab, der von ca. 871-852 v. Chr. das Nordreich Israel regierte. Ahabs Vater Omri war es gelungen, das Nordreich durch eine geschickte Bündnispolitik zu festigen und Samaria zur Hauptstadt Israels zu machen. Ahab setzte diese Politik fort und brachte eine stabile Koalition gegen den bedrohlichen Machtblock Assur zustande, unter anderem durch die Heirat mit der phönizischen Königstochter Isebel. Die Ehe mit Isebel war außenpolitisch eine kluge Tat, innenpolitisch aber brachte sie große Probleme, denn sie stärkte die kanaanäisch-phönizische Bevölkerungsgruppe und ihre Religion gegenüber den Traditionen und Riten der Israeliten. Ahab versuchte, sich ausgleichend zu verhalten: Er ließ in Samaria einen Tempel für den phönizischen Gott Baal bauen, verehrte aber gleichzeitig den Gott Israels und gab seinen Söhnen demonstrativ Namen, in denen ein Bestandteil des Namens des Gottes Israels (»Jahwe«) vorkam: Ahas-«ja«, »Jo«-ram.

Trotz oder wegen dieser Ausgleichsversuche kam es unter Ahab zu einem blutigen Religions- und Bürgerkrieg zwischen den Anhängern Baals, also den kanaanäisch-stämmigen Bevölkerungsgruppen, und den Israeliten. Das Ausmaß der Gewalt dieses Bürgerkrieges kann man ermessen, wenn man die Ereignisse aus der Rückschau her beurteilt, von der Revolution des Jehu her (2 Kön 9f) und dem Massaker, das er anrichtete. Ethnische, soziale und religiöse Gegensätze zwischen den Bevölkerungsgruppen verbanden sich zu einem explosiven Gemisch. Auslöser für diese Konflikte war eine große Dürre, die etwa 20 Monate dauerte und in der Bevölkerung zu Hunger und Verarmung führte. Diese Dürre war so verheerend, dass sich noch viele nachfolgende Generationen daran erinnerten und sogar der römisch-jüdische Geschichtsschreiber Josephus (37-100 n. Chr.) sie erwähnte.

In dieser Situation trat Elija auf den Plan (1 Kön 17). Er wurde unvermittelt von Gott berufen. Über seine Herkunft und sein bisheriges Leben wird nur das Nötigste bekannt: »Elija aus dem Ort Tischbe in ostjordanischen Gilead«. Er wird als Gegenspieler Ahabs vorgestellt, dem er im Namen des Gottes Israels die große Dürre ansagen soll. Damit steht Elija von Beginn an eindeutig auf der Seite des Gottes Israels. Denn dieser, nicht der kanaanäische Fruchtbarkeitsgott Baal, kann über Regen und Dürre entscheiden, über Nahrung und Hunger, über Tod und Leben – und ist damit mächtiger als Baal, dem nicht nur Ahab, sondern viele Israeliten vertraut hatten. Schon der Name des Propheten ist Programm: »Mein Gott ist

Jahwe«, so ist Elijas Name zu übersetzen. Elijas Ziel war es, in Israel durchzusetzen, dass nur der eine Gott Israels angebetet wird.

Stärker als Baal

Für den Regen, das lebenspendende Wasser, war nach damaliger Meinung der Gott Baal zuständig. Doch der Regen blieb auf Weisung des Gottes Israels hin aus – ein Zeichen dafür, dass Baal entmachtet ist. Auch die Versorgung mit Lebensmitteln war Baals Sache. Doch in der Hungersnot war es nicht Baal, sondern der Gott Israels, der Elija auf wundersame Weise durch Raben am Bach Kerit mit Essen versorgte. Und auch der Mehl- und der Ölkrug der Witwe von Sarepta wurden auf seinen Befehl hin nicht leer. Elija zeigte sogar, dass der Gott Israels Herr über den Tod ist und erweckte im Namen seines Gottes ein totes Kind zum Leben. Damit erwies sich der Gott Israels nicht nur stärker als der Gott Baal, sondern auch als der phönizische Todesgott Mot. Durch Elija wird auch deutlich, dass Gott nicht nur Gott für Israel, sondern für alle Völker sein will und kann. Denn der Ort Sarepta liegt im Herzen Phöniziens, also mitten im Baalsland. Auch dort, im Ausland, im »Territorium« eines anderen Gottes, hatte der Gott Israels Macht und rettete eine Witwe und ihren Sohn vor dem Hungertod.

In welche Konflikt mit der religiösen und politischen Oberschicht sich Elija begibt, wird in den Vorkommnissen am Karmel deutlich (1 Kön 18), dem sogenannten »Gottesurteil auf dem Karmel«. Dort standen sich Elija und vierhundertfünfzig Baalspropheten in einer »Opferprobe« gegenüber. Das ganze Volk versammelte sich, um die Machtprobe zwischen Baal und dem Gott Israels mitzuerleben. Während Baal, der nicht nur für Regen und Nahrung, sondern auch für Feuer »zuständig« war, es nicht schaffte, sein Opfer zu entzünden, ließ der Gott Israels Blitz und Feuer vom Himmel kommen und später auch den lang ersehnten Regen. Das Gottesurteil auf dem Karmel zeigte den Israeliten: Alles, was von Baal erwartet wurde, schenkte in Wahrheit der Gott Israels. Die Baalspropheten bezahlten ihren Dienst mit dem Leben und wurden umgebracht – ein Beweis für die Brutalität des damaligen Bürgerkrieges. Elija war scheinbar auf dem Höhepunkt seines Erfolges: Die Macht seines Gottes war bewiesen, seine Gegner waren vernichtet. Doch anstatt seinen Triumph auszukosten, fiel Elija in Depression.

Elija in der Wüste

Auslöser war die Morddrohung der Königin Isebel. Die machtbewusste und in ihrer Religion tief verwurzelte Frau konnte und wollte es nicht hinnehmen, dass ihre Propheten am Karmel hingemetzelt worden waren. Sie drohte Elija an, dass ihm das gleiche Schicksal widerfahren solle wie ihren Propheten. Elija – eben noch kraftvoller Kämpfer – lief nun um sein Leben, weit weg von Isebel. Seine atemlose Flucht führte ihn über mehrere Stationen: Er lief aus dem Nordstaat in Richtung Süden, durchquerte das Südreich Juda und kam bis nach Beerscheba. Dort verließ er seinen Diener und ging weiter in die Wüste Negeb hinein, an einen entlegenen, unwirtlichen Ort. Er suchte diese Abgeschiedenheit wohl zunächst, um sich zu verstecken. In der Einsamkeit, auf sich selbst geworfen, überdachte er sein Leben und Wesen. Das Nachdenken führte in Resignation und letztlich dazu, dass Elija sich den Tod herbei wünschte. Ein so direkt geäußerter und an Gott gerichteter Todeswunsch findet sich sonst kaum in der Bibel. Elija begründete seine Todessehnsucht mit der für ihn erschreckenden Selbsterkenntnis: »Ich bin nicht besser als meine Väter«. Genau das hatte Elija nämlich sein wollen: Nicht nur besser als sein leiblicher Vater und Großvater, sondern auch besser als die Vorväter im Glauben wie Abraham, Jakob und Mose. Er erkannte, dass er aber trotz allen Mutes, trotz allen Eifers für Gott ein angstvoller, erschütterlicher Mensch geblieben war. Die Enttäuschung über sich selbst ließ ihn seiner selbst überdrüssig werden.

Mitten in Klage und Verzweiflung schlief Elija ein. Er lag unter einem Strauch, dem weißen Ginster, dessen schüttere Zweige nur wenig Schatten bieten. Doch wie bereits am Bach Kerit, so ließ Gott seinen Propheten auch jetzt nicht umkommen. Ein Bote Gottes weckte den schlafenden Elija und versorgte ihn mit geröstetem Brot und Wasser. Elija stärkte sich und schlief dann weiter. Ein zweites Mal versorgte der Gottesbote ihn. Schlaf, Nahrung und Zuwendung richteten Elija wieder auf. So gestärkt, konnte er auf eine lange Wanderung aufbrechen. Vierzig Tage und Nächte weit lief er zum Gottesberg Horeb, den Berg der Gottesbegegnung, an dem schon Mose mit Gott sprach. Diesen Ort wollte Elija nun auch aufsuchen, dort erhoffte er sich eine Klärung seiner Lage. Dieser Gottesberg ist für uns nicht zu lokalisieren. Die Streckenangabe bedeutet, dass Elija einen enorm langen Weg zurücklegte. Bei Tagesmärschen von rund 30 km muss Elija einen Weg von 1.200 km gegangen sein – also weit über alle bekannten Nachbarvölker hinaus. Die 40 Tage und 40 Nächte erinnern auch an den Zeitraum, den Mose vor Gott gefastet hatte (Ex 34,28), waren also auch eine Vorbereitungszeit auf die Gottesbegegnung.

Elija am Horeb

Am Horeb angekommen, verbrachte Elija die Nacht in einer Höhle. Es muss eine besondere, eine einzigartige Höhle gewesen sein, denn der hebräische Text formuliert ausdrücklich »Elija kam in die Höhle.« Vielleicht war es die Felsspalte, in der auch schon Mose gestanden hatte (Ex 33,22). Dort sprach Elija mit seinem Gott und klagte vor ihm über sein Schicksal. In dieser Klage war auch ein versteckter Vorwurf gegen Gott: »Ich habe für dich gekämpft, und du lässt mich umkommen!« Dem ängstlichen und verzweifelten Elija zeigte Gott sein Wesen: »Geh vor die Höhle, und ich werde vorübergehen«, forderte er ihn auf. Elija trat jedoch nicht sofort vor die Höhle. Er erlebte die nun folgenden Naturphänomene im Schutz der Felsen: einen heftigen Sturm, ein schweres Erdbeben, ein großes Feuer. Doch Gott ließ sich in all diesen großen, mächtigen, erschreckenden Ereignissen nicht erkennen. Elija wurde deutlich, dass der Gott Israels wohl Herr der Naturmächte ist, doch dass sich sein Wesen nicht darin erschöpft.

Denn nach Sturm, Erdbeben und Feuer kam etwas sehr Kleines, sehr Unscheinbares, sehr Leises. »Ein sanftes, leises Säuseln«, heißt es in der Einheitsübersetzung und ähnlich in der Lutherbibel. »Eine Stimme verschwebenden Schweigens« formuliert die jüdische Übersetzung von Buber/Rosenzweig. Der Alttestamentler Frank Crüsemann erläutert, dass mit demselben Ausdruck die elenden, abgemagerten Kühe im Traum des Pharao beschrieben werden (Gen 41) oder das unscheinbare, wie Reif aussehende Manna (Ex 16,14) und übersetzt folglich »die Stimme eines kümmerlichen, kleinen, schwachen Schweigens«. Trotz aller Unscheinbarkeit erkannte Elija schlagartig: Nun wird Gott kommen. Schnell verhüllte er sein Gesicht, damit er nicht unmittelbar die Herrlichkeit Gottes schauen würde. Doch jetzt wagte er, die schützende Höhle zu verlassen. Vor dem donnernden, blitzenden Gott hatte er sich versteckt – zum stillen, sanften Gott traute er sich hinaus. So ist die Stille, die Gott vorausgeht, die Voraussetzung dafür, dass Menschen ihre Verzweiflung überwinden, dass sie zum Hören verlockt werden, dass Gott mit ihnen sprechen und ihnen Aufträge geben kann.

Elijas Aufträge

Elijas Sorge war es, dass die Anhänger des Gottes Israels in den Auseinandersetzungen unterliegen, ja ausgerottet würden – und mit ihnen die

Erinnerung an den Gott der Väter, der Israel bewahrt und erhalten hatte. Das klagte er seinem Gott ein weiteres Mal: Nur er allein sei jetzt noch übrig, und auch ihm trachte man nach dem Leben. Doch Gott hatte mehr mit Israel vor, als es nach der pessimistischen Einschätzung des Elija zu erwarten war. 7.000 Menschen sollten bewahrt werden, die weder dem religiösen Sog noch dem politischen Druck nachgeben haben. Diese 7.000 würden die Zukunft des Gottesvolkes sicher stellen. Den übrigen aber wurde Gericht angesagt. Wer dem Baalskult zuneigte und dadurch die Zukunft des Gottesvolkes abzuschneiden bereit war, hatte Gottes Strafe zu fürchten. Als Werkzeuge dieses Gerichtes sollte Elija drei Männer salben: Hasael, Jehu und Elischa. Mit diesem Auftrag schickte Gott seinen Propheten vom Horeb weg zurück in den Alltag. Wie bei anderen Propheten, so sind auch bei Elija Gnade und Gericht nicht voneinander zu trennen und nicht gegeneinander auszuspielen. Letztlich aber geht es Gott um Rettung und Bewahrung seines Volkes. Die Rettung des Elija in der Wüste und seine Beauftragung am Horeb sind dafür der Ausgangspunkt.

Elija selbst hat die Auswirkungen dieses Auftrages nur noch zum Teil miterlebt. Elischa als sein Nachfolger griff weiter in die Auseinandersetzungen ein. Elija aber wurde am Ende seines Lebens doch das zuteil, was er sich in der Wüste gewünscht hatte – aber ganz anders als erwartet: Er wurde von Gott von der Erde in den Himmel aufgenommen. Damit wird Elija am Ende seines Lebens von Gott als der Prophet geadelt, der doch mehr ist als seine Väter, als Abraham, Jakob und Mose. Bis heute gilt Elija als der größte und wichtigste Prophet Israels, und eine jüdische Tradition erwartet seine Wiederkunft als Vorläufer des ewigen Heilsbringers. Auch im Neuen Testament wird er geehrt als großer Gottesmann: Jesus begegnet ihm und dem Mose auf dem Berg der Verklärung. Und bis heute gibt es die Tradition, in der Synagoge einen leeren Stuhl für den wiederkommenden Elija bereit zu halten.

Übersicht zu den Prophet/innen

Zeit	Ort	Könige	Propheten	Botschaft (Schwerpunkte)
11. Jh. v.	Israel	(Richterzeit)	Debora	Richterin, Ratgeberin
10. Jh. v.	Israel	Saul–David	Samuel	Salbung zum König/ Verwerfung des Königs
9. Jh. v.	Israel	Ahab	Elija	Kampf gegen Baalskult
		Joram–Joahas	Elischa	Kampf gegen Baalskult, Bestrafung Ahabs
8. Jh. v.	Israel	Jerobeam II.	Amos	Kritik an sozialen Missständen
	Israel	Jerobeam II.	Hosea	Kritik an Götzenkult und Unglaube, neuer Anfang
	Jerusalem	Jotam–Ahas	Jesaja	Kritik an mangelndem Vertrauen in Gottes Führung
	Juda	Hiskija–Manasse	Micha	Kritik an der korrupten Führung Israels, Friedensreich
7. Jh. v.	Jerusalem	Joschija	Hulda	Bestätigung des Gesetzbuches
	Jerusalem	Joschija	Jeremia	Untreue Israels (Götzen), Gericht und Neuer Bund
	Juda	Joschija	Zefanja	Gericht wegen Götzenkult, Neuanfang
	Juda	Jojakim	Habakuk	Anklage der Ungerechtigkeit und Unterdrückung
6. Jh. v.	babyl. Exil	Zidkija	Ezechiel	Gericht, weil Israel Gottes Weisung missachtet
	Jerusalem?	(Babylonier)	Obadja	Rettung Israels nach der Vernichtung
	babyl. Exil		2. Jesaja	Hoffnung für das zerschlagene Israel
	Jerusalem	(Perser)	Haggai	Ermutigung zum Tempelbau
			Sacharja	Kommendes Heil für Israel und die Völker
	Juda		3. Jesaja	Wiederaufbau nach dem Exil
5.-3. Jh. v.	Juda	(Perser, Griechen)	Maleachi	Kritik an Priestern, Strafe und Rettung am Gerichtstag
	Jerusalem		Joël	Tag-Jahwes-Theologie

Bibelarbeit

Gestaltung: Zwei Ecken des Raumes werden unterschiedlich gestaltet. An einer Stelle steht eine große Pflanze, darunter liegt eine Decke mit Kissen, daneben ein Krug mit Wasser und ein Brot; auf hellen Tüchern stehen viele brennende Kerzen.
Die andere Ecke wird mit dunklen Tüchern gestaltet. Zeitungsausschnitte oder Bücher mit Gewalt- und Kriegsdarstellungen, dazu passende Gegenstände wie Schwerter (evtl. aus Pappe) oder theologische Bücher mit Titeln wie »Die dunklen Seiten Gottes«.

1. Auf den Bibeltext zugehen

Die Teilnehmenden (TN) setzen sich zunächst so, dass sie die Raumecke mit Pflanze und Decke ansehen. Es werden die Verse vorgelesen, die über Elijas Niedergeschlagenheit und sein Aufgerichtetwerden berichten (1 Kön 19, 1-8). Die TN tauschen sich aus, ob sie ähnliche Erfahrungen haben wie Elija.
Dann werden die TN gebeten, den Blick zu wenden und in die »Gewalt-Ecke« zu schauen. Der Leiter / die Leiterin (L) informiert über die damalige Zeit: über den Religions- und Bürgerkrieg, das Gottesurteil am Karmel und die Ermordung der Baalspropheten.

2. Dem Bibeltext begegnen

Die Verse 1 Kön 19, 9-18 werden vertiefend bearbeitet. Alle TN lesen den Abschnitt und besprechen in Kleingruppen folgende Fragen:

- Was erfahren wir über Elija?
- Was erfahren wir über Gott?
- Was finde ich ansprechend und anrührend?
- Was ist mir fremd und unerklärlich?

In einem Rundgespräch werden die verschiedenen Beobachtungen zum Text sowie zum Propheten- und Gottesbild ausgetauscht. Ein besonderer Schwerpunkt wird sicher auf die Frage gelegt werden, wie wir mit der Spannung von Gnade (Elija wird umsorgt und aufgerichtet; Gott erscheint in stillem Schweigen) und Gericht (Elija salbt Gerichtswerkzeuge; Gott tötet seine Widersacher) umgehen.

3. Mit dem Bibeltext weitergehen •→

Diese Spannung wird im dritten Teil der Bibelarbeit aufgenommen. Wir können sie nicht auflösen, aber aushalten. Die Besinnung über Elija unter dem Ginsterstrauch kann dazu Hilfe sein. Die TN wenden sich der Ecke mit Pflanze und Decke zu und bleiben eine Weile im Schweigen. L gibt langsam einige Impulse in das Schweigen hinein:

»Auch ich liege oft da, erschöpft, müde. Auch ich kann oft nicht mehr.
Die Arbeit drückt mich nieder und die Verantwortung,
die Sorgen drücken mich nieder und die Angst.
Fragen drücken mich nieder –
auch die Frage, warum du, Gott, so bist, wie du bist.
So oft verstehe ich dich nicht, so oft bist du mir fremd.
Und dann liege ich da, müde und erschöpft, ohne Lust zu Leben,
nicht besser als meine Väter und Mütter.
Richte mich auf, mein Gott. Richte mich auf.
Du, mein Gott, stärkst mich. Brot und Krug stellst du mir hin.
Du umsorgst mich. Ich kann neu aufstehen.
Ich kann neu aushalten.
Ich kann neu weitergehen.«

Die Bibelarbeit schließt mit einem gemeinsamen Lied,
z. B. »Meine engen Grenzen«.

Prophetin

wie Flötentöne
füllt ihre Weisheit
den Raum
Menschen kommen
herbei
um sich Rat zu holen
und Trost
um die Melodie zu hören
die die Wirklichkeit
durchdringt und
verwandelt
mal leise
mal laut
dissonant und
harmonisch
voll sanfter Sprengkraft

Ania Tomczyk

W. Abel

Bettina Wellmann

Botinnen der kommenden Zeit

Frauen als Prophetinnen

»Ich werfe unserer Zeit vor, dass sie starke und zu allem Guten begabte Geister zurückstößt, nur weil es sich um Frauen handelt«, klagt im 16. Jh. Theresa von Avila. Frauen, die über Glaubensdinge redeten und öffentlich wirkten, waren ihren Zeitgenossen ein Dorn im Auge. Ob Frauen in biblischer Zeit, die religiöse Aufgaben übernommen hatten, bewusst ausgeblendet wurden oder beim Überliefern und Aufschreiben der biblischen Texte eher beiläufig untergegangen sind, sei offen gelassen. Sicher ist nur, dass sie häufig fehlen oder dass wir nur etwas zwischen den Zeilen über sie erfahren. Dies gilt auch für die Prophetie.

Auf den ersten Blick ist Prophetie ein von Männern getragenes Phänomen. Unter den großen Büchern der Propheten ist keines nach einer Frau benannt. Es waren Männer, die in der Darstellung des Jesaja, Jeremia, Ezechiel und des Zwölfprophetenbuchs unsere Vorstellung von Propheten geprägt haben. In christlicher Predigt und Katechese herrscht noch immer das Bild vom Propheten als dem großen, männlichen Individualisten vor. Dies gerät jedoch in der jüngeren Forschung zunehmend ins Wanken: zum einen wird immer deutlicher, dass die Bücher der großen Schriftpropheten über Jahrhunderte fortgeschrieben und aktualisiert wurden. Somit ist nur ein kleiner Kern des Buches auf die historische Figur des Propheten zurückzuführen. Und warum sollten unter den späteren Fortschreibern nicht auch Frauen sein? Zum anderen hat die Archäologie des letzten Jahrhunderts viele Texte ans Licht gebracht, die auf die prophetische Tätigkeit von Frauen im Alten Orient schließen lassen. Unter den Briefen aus dem 18. Jh. v. Chr., die man im Archiv der syrischen Stadt Mari fand, waren viele Texte mit prophetischen Reden, von denen ungefähr gleich viele von Frauen und von Männern stammen. Zeitlich näher an der alttestamentlichen Prophetie sind die neuassyrischen Prophetien aus der Königszeit Asarhaddons und Assurbanipals (ca. 680-630 v. Chr.). Von den dort genannten prophetischen Personen sind nur vier männlich und sieben weiblich. Wenn im Kulturfeld des Alten Orients, zu dem eben auch Israel gehört, prophetische Frauen etwas völlig Normales waren, warum sollte dies nicht auch für die Bibel gelten?

Geht man in der Heiligen Schrift auf die Suche nach Prophetinnen, so findet man im Alten Testament vier so benannte: Mirjam, Debora, Hulda und Noadja. Nicht mit Namen erwähnt werden die Frau zu der Jesaja geht, die eine Berufskollegin und die traditionell als Ehefrau Jesajas gilt (Jes 8,3), sowie die prophetisch redenden Töchter in Ez 13,17ff und Joël 3,1. Im Neuen Testament hören wir von der Prophetin Hanna (Lk 2,36), den vier prophetisch begabten Töchtern des Philippus (Apg 21,9) und den prophetisch redenden Frauen in der Gemeinde von Korinth (1 Kor 11,5). Das Judentum kennt eine andere traditionelle Zählung von Prophetinnen: Nach dem Traktat Megilla 14a im Babylonischen Talmud sind es: Sara, Mirjam, Debora, Hanna (die Mutter Samuels), Abigajil, Hulda und Ester. An dieser Reihe wird deutlich, dass die jüdische Tradition ein sehr weites Verständnis von Prophetin hat. Der Talmud bezeichnet Frauen als Prophetinnen, die in besonders intensiver Weise mit Gott zu tun haben und mit ihm reden.

Mirjam – nicht nur mit Mose, auch mit ihr hat Gott gesprochen

Manche mag es überraschen, dass Mirjam, die Schwester von Aaron und Mose, zu den Prophetinnen zählt. In Ex 15,20 ist sie die erste Frau, die in der Erzählabfolge der Bibel ausdrücklich mit dem Titel »Prophetin« bezeichnet wird. Nach dem Durchzug durchs Schilfmeer und der Rettung vor der ägyptischen Todesmacht, stimmt sie das Lied der Frauen an und deutet die Rettung theologisch: »*Die Prophetin Mirjam, die Schwester Aarons, nahm ihre Handpauke, und alle Frauen schlossen sich ihr an... Mirjam sang ihnen vor, und sie antworteten im Chor: Singt, singt dem Herrn, denn er ist groß und mächtig, ins Meer geworfen hat er Ross und Mann!*« (Ex 15,20f) Außerdem wissen wir über sie: Nach einem Streit mit Mose wird sie von Aussatz befallen und bleibt sieben Tage aus dem Lager der Israeliten ausgesperrt. Diese zogen aber nicht weiter, bis Mirjam wieder aufgenommen werden durfte (Num 12; Dtn 24,9). Sie stirbt in der Wüste »Kadesch«, was »Heilig« heißt (Num 20,1).

Die Bezeichnung Mirjams als Prophetin erklärt sich wohl am ehesten durch ihre Rolle als charismatische Führerin. Auch ihr Spiel und ihr Lied lassen sich als prophetischer Dienst verstehen, wie an anderen Stellen der Bibel, die Prophetie und Musik in Verbindung bringen (1 Sam 10,5f; 2 Kön 3,15; Jes 5,1-7: Weinberglied). In ihrem Lied verkündet sie die befreienden Taten Gottes und fordert ihre Zeitgenossen zu einer Antwort heraus. Trotz der nur kurzen Hinweise, die zu Mirjam überliefert sind, spiegelt sich in ihnen ihre hohe Respektierung beim Volk. Während der Zeit ihres Aussatzes trennt sich das Volk nicht von ihr. Und als Mirjam stirbt, tritt unmittelbar danach ein Wassermangel auf, was in der Erzähldramatik die lebenspendende, wegweisende Bedeutung dieser Prophetin in Israel hervorhebt, die mit ihrem Tod zu verlöschen droht. In der rabbinischen Tradition haben jüdische Gelehrte diese enge Verbindung zwischen dem Tod Mirjams und dem Wassermangel gesehen und gedeutet: »R. Jose ben Jehuda sagte: Drei gute Verwalter hatten die Israeliten, nämlich: Mose, Aaron und Mirjam, derentwegen ihnen drei köstliche Gaben zuteil wurden, nämlich: der Brunnen, die Wolkensäule und das Manna. Der Brunnen wegen des Verdienstes Mirjams, die Wolkensäule wegen des Verdienstes Aarons und das Manna wegen des Verdienstes Moses. Als Mirjam starb, wich der Brunnen, denn es heißt: *Und Mirjam starb*, darauf folgt: *Und die Gemeinde hatte kein Wasser*« (bTaanit 9a). Der Tod der Prophetin trifft den Lebensnerv der Israeliten.

Debora – die Prophetin der Richterzeit

Debora ist eine starke und einflussreiche Frau in der frühen Geschichte Israels. Sie wirkte als Richterin in einer unruhigen Zwischenzeit: Die Israeliten sind bereits im verheißenen Land, sie haben allerdings keine Führungspersonen wie Mose und Aaron mehr und ein stabiles Königtum gibt es noch nicht. In dieser Zeit kommt es immer wieder zu Kämpfen zwischen den neueingewanderten israelitischen Stämmen und den alteingesessenen Kanaanitern. Krisen und Rückschläge lassen an der Landverheißung Gottes an sein Volk zweifeln. Die Kapitel 4-5 im Richterbuch erzählen von einem Kampf zwischen den Israeliten und dem Kanaaniterkönig Jabin am Berg Tabor, der mit einem Sieg Israels endet. Dieser Erfolg verdankt sich dem Rat und der Tatkraft Deboras, die dem zögernden Feldherrn Barak eindringlich empfahl, trotz der miltärischen Unterlegenheit in den Kampf zu ziehen. Ihre entscheidende Stellung verdeutlicht der Satz, den Barak zu ihr spricht: »*Wenn du mit mir gehst, werde ich gehen; wenn du aber nicht mit mir gehst, werde ich nicht gehen*« (Ri 4,9). Debora sagt ihm den Sieg voraus, der dann auch eintritt. Daraufhin singen Debora und Barak ein Lied, das an das Siegeslied am Schilfmeer erinnert. Debora hat eine wichtige Funktion als Ratgeberin, zu der die Menschen kommen. Sie hat ihren Sitz unter einer Palme, dem Symbol für Leben, Sieg und Hoffnung. Auch ihr Name, der übersetzt »Biene« heißt und für nährend-sorgende Eigenschaften steht, verstärkt ihre Bedeutung als »Mutter Israels«, wie sie in Ri 5,7 genannt wird. Neben dem Titel »Richterin« wird Debora auch »Prophetin« genannt. Sie ist Mahnerin und Ruferin, die mit Gott in enger Verbindung steht und seinen Willen erkennt. Sie aktualisiert ihn auf bestimmte

Situationen hin und stärkt das Vertrauen in Gottes Verheißungen. Die Prophetin Debora prägt als politische Ratgeberin die Geschichte Israels mit.

Hulda – Prophetin auf den Spuren des Mose

Eine zentrale Rolle im Jerusalem des 7. Jh. v. Chr. spielte die Prophetin Hulda. Sie ist die Ehefrau eines hohen Staatsbeamten und wohnte in der Neustadt, wo sich vor allem nach dem Untergang des Nordreichs 722 v. Chr. die Flüchtlinge von dort angesiedelt hatten. Ob sie Kinder hatte, wissen wir wie bei Mirjam und Debora nicht. Das Ansehen beziehen diese Frauen nicht über ihre Mutterschaft, wie sonst bei vielen biblischen Frauen üblich, sondern über ihr Amt. Zeitgleich mit Hulda wirkten der junge Jeremia und Zefanja, möglicherweise auch Nahum und Habakuk in der Stadt. Doch zu diesen männlichen Kollegen schickt der König Joschija nicht, als er nach einem sensationellen Fund im Tempel nach Gottes Willen fragt. Bei der Tempelrenovierung wurde ein »sefer-ha-tora«, also ein Buch der Weisung gefunden (2 Kön 22/23). Nach Dtn 31,26 bewahrte Mose bei seiner Wüstenwanderung ein so genanntes Buch neben der Lade auf, und 2 Kön 22 erzählt nun, wie man diese Schrift wiedergefunden hat. In der Forschung wird hinter diesem Buch meist die früheste Grundform des Buches Deuteronomium vermutet. Somit hätte die Erzählung im Königebuch die Funktion, die hohe Verbindlichkeit dieses Buches zu begründen. Es ist die Geschichte einer Kanonisierung, an der eine Frau entscheidenden Anteil hat. Hulda legitimiert die Gültigkeit des aufgefundenen Gotteswortes, indem sie sagt, dass die Wortes des Buches eintreffen werden, weil sie Worte Jahwes sind. Als der König die hohe Bedeutung der Schrift durch prophetische Autorität bestätigt sieht, leitet er umfangreiche Reformen ein: Götzenbilder werden aus dem Tempel entfernt, dem Volk wird das Buch mit seinen Weisungen vorgetragen. Die Erinnerung an Hulda ist am Jerusalemer Tempel bewahrt worden. Bis heute trägt ein Eingang an dessen Bau aus herodianischer Zeit den Namen »Huldator«.

Noadja – ein Prophetin, die Schwierigkeiten macht

Aus der Perserzeit, als Jerusalem und der Tempel wiederaufgebaut wurden, ist der Name der Prophetin Noadja überliefert (Neh 6). Auffällig ist, dass sie aus einer Gruppe von Propheten herausgehoben wird. Also muss sie eine bedeutende Stellung als Anführerin gehabt haben. Nehemia (445-425 Statthalter von Juda) polemisiert gegen diese Gruppe. Sie wurde ihm gefährlich, weil sie sein Unternehmen, die Mauern Jerusalems wiederaufzubauen, behindert und ihn eingeschüchtert hätten. Dieser Konflikt lässt erahnen, welch unterschiedliche Positionen über die Zukunft Israels und sein Maß an Eigenständigkeit oder Vasallenschaft aufeinanderprallten. Leider erfahren wir sonst nichts über Noadjas Aufgaben. Aber sie ist Zeugin für die Bedeutsamkeit von Frauen in der Prophetie auch in persischer Zeit.

Die Prophetin, zu der Jesaja geht

Eine namenlose Prophetin ist im Buch Jesaja überliefert. Jes 8,1-4 erzählt, dass Jesaja nach einem Gotteswort zu einer Prophetin geht. Diese wird schwanger und gebiert einen Sohn, der einen symbolhaften, die politische Lage interpretierenden Namen bekommt. In der älteren Forschung wird diese Frau in gut katholischer Weise als Ehefrau Jesajas bezeichnet, die mit ihm zwei Kinder habe und deren Titel auf den Beruf ihres Mannes zurückzuführen sei (wie früher die »Frau Professor«). Diese Auslegungen verdunkeln aber die eigenständige prophetische Tätigkeit der Frau: schon vor der Annäherung Jesajas war sie Prophetin. Und ob sie Jesajas Ehefrau war oder auch die Mutter des weiteren Jesaja-Sohnes erzählt der Text nicht.

Falsche und wahre Prophetinnen: Ez 13 und Joël 3

Von prophetisch redenden Frauen ist im Alten Testament von Anfang an die Rede. An zwei Stellen wird der Unterschied zwischen wahren und falschen Prophetinnen deutlich. In Ez 13,17ff wird ein Weheruf gesprochen über die prophetisch redenden Töchter des Volkes, die in einer Art Wahrsageritual den Menschen Zauberbinden und Amulette umlegen. Sie werden angeprangert, weil man mit diesen Praktiken Seelenjagd und Menschenfang betreibe (Ez 13,20). Wahre Prophetie ist anders, wie Joël 3 beschreibt: Am Tag Jahwes wird Gott seinen Geist ausgießen und alle, Frauen und Männer, werden prophetisch reden. In Apg 2 wird mit diesem Text die Geistausgießung an Pfingsten gedeutet. Prophetie ist demokratisch, nicht geschlechterbezogen und nicht exklusiv für wenige Eingeweihte. Sie geschieht durch das Wort und nicht mit Zauberpraktiken. Prophetie heißt, mit dem Geist Gottes in Verbindung zu sein und durch seine Hilfe die Wirklichkeit zu deuten. Diese Mittlerfunktion ist laut der Joël-Verheißung auf alle Glieder des Volkes Gottes übergegangen, Frauen *und* Männer.

Prophetinnen im Neuen Testament

Am deutlichsten wird uns im Neuen Testament die Prophetin Hanna vor Augen geführt (Lk 2,36-38), die sich hochbetagt im Tempel aufhielt. Sie tritt hinzu, als der neugeborene Jesus beschnitten wird. In einer prophetischen Handlung erschließt sie den Eltern Jesu und dem ganzen Volk, wie Gott in diesem Kind an der Welt handelt. In ihm sieht sie die rettenden Verheißungen Gottes an sein Volk erfüllt. Leider ist uns ihr Lobpreis nicht überliefert. Ähnlich wie der Gesang Mirjams hinter dem des Mose am Schilfmeer zurücktritt, so wird auch Hannas Lob im Anschluss an den Gesang des Simeon nur knapp erwähnt.

Lukas erwähnt außerdem in der Apostelgeschichte die vier prophetisch begabten Töchter des Philippus (Apg 21,9). Philippus spielte in der Ursprungszeit der Kirche ein überragende Rolle als Verkündiger. Er gründete und leitete die Gemeinde von Cäsarea. Die ausdrückliche Nennung seiner ebenso begabten Töchter lässt darauf schließen, dass sie öffentlich in der Gemeinde hervortraten, weil ihre großen Fähigkeiten bekannt waren.

Paulus beschreibt schließlich in 1 Kor 11,2-16 einen Konflikt um Frauen, die prophetisch mit unverhülltem Haupt redeten. Nicht die prophetische Tätigkeit von Frauen im Gottesdienst – die nach diesem Zeugnis in den frühen Gemeinden durchaus üblich war – war das Problem, sondern die Verwechselbarkeit mit orientalischen Kulten, wie sie in der Großstadt Korinth begegneten. Dort waren gelöste Haare Zeichen wahrer Prophetie.

Fazit

Der Blick auf die biblischen Prophetinnen gibt wichtige Impulse:

- Unser herkömmliches Prophetenbild wird erweitert. Prophetie zur Zeit der Bibel beschränkt sich nicht auf wenige prophetische Ausnahmemänner. Prophetie ist ein demokratisches Phänomen.
- Bibeltheologische Literatur muss kritisch hinterfragt werden, inwieweit ihr Weltbild die Auslegung prägt. Beispielsweise wurde die Bevorzugung der Hulda vor Jeremia, die männliche Exegeten ärgerte, in Kommentaren mit einem fragwürdigen Frauenbild (weg-)erklärt: man habe sich eben von einer weiblichen Prophetin einen milderen Spruch erhofft.
- Biblische Frauen, die wesentliche Stellungen bekleiden, um zwischen Gottes Willen und seinem Volk zu vermitteln, geben wichtige Impulse für eine biblische Ämtertheologie.
- Frauen werden ermutigt, die Gabe der Prophetie und ihre Verbindung zu Gott zu entdecken und zu leben, zu träumen und Visionen zuzulassen.

Bibelarbeit

1. Auf den Bibeltext zugehen

In der Mitte liegen ein weibliches und ein männliches Porträt mit der Beschriftung Prophet bzw. Prophetin. Die Teilnehmerinnen und Teilnehmer (TN) besprechen im Plenum die Fragen:

- Welche Propheten und welche Prophetinnen kenne ich aus der Bibel? Was weiß ich von ihnen, ihrer Botschaft und ihrem Handeln?
- Ist Prophetie in der Bibel eher männlich oder weiblich geprägt? Woran könnte das liegen?

2. Dem Bibeltext begegnen

Die Leiterin / der Leiter (L) stellt die in der Bibel vorkommenden Prophetinnen knapp vor. Dies kann durch kreative oder visuelle Elemente unterstützt werden (Selbstvorstellung der Prophetinnen in Erzählform; Darstellung mit Erzählfiguren; Anheften ihrer Namensschilder auf den Umriss eines Menschen).
Anschließend legt L die zu den Prophetinnen gehörenden Bibeltexte dazu (Mirjam: Ex 15,20-21; Debora: Ri 4,1-16; 5; Hulda: 2 Kön 22,1-23,3; Noadja: Neh 6,14; Prophetin bei Jesaja: Jes 8,1-4; falsche und wahre Prophetinnen: Ez 13,17-23; Joël 3,1-2; Hanna: Lk 2,36-38; Töchter des Philippus: Apg 21,9; Prophetinnen in Korinth: 1 Kor 11,2-16). Die TN finden sich in Kleingruppen zu einzelnen Prophetinnen zusammen (bei kürzeren Texte können zwei in einer Gruppe bearbeitet werden). Sie erarbeiten jeweils:

- Was erfahren wir aus unserem Text bzw. aus dem biblischen Kontext über die Prophetin / Prophetinnen?
- Was steht vielleicht zwischen den Zeilen?
- Wie sieht ihre prophetische Tätigkeit aus?
- Wie reagieren die anderen darauf?

Anschließend kommen die TN wieder im Plenum zusammen. In der Mitte liegt das Frauenporträt, unter dem Prophetin steht. Die TN erhalten Karten und schreiben pro Karte eine Eigenschaft auf, was ihre Figur als Prophetin kennzeichnet (Ratgeberin, charismatische Führerin, Deutung der Situation von Gott her, öffentliches Reden, Ansehen, usw.). Sie legen die Karten um das Plakat in der Mitte herum, so dass eine Antwortcollage entsteht zu der Frage: Was ist eine Prophetin?

3. Mit dem Bibeltext weitergehen

A: Die TN verfassen einen Brief an eine von ihnen gewählte Prophetin und schreiben ihr: »Was ich an dir gut finde... Was mich noch interessiert hätte... Was ich an deiner Stelle anders gemacht hätte...«
B: Jede Gruppe stellt in einem Standbild / einer Körpergeste ihre Prophetin vor.
C: Die TN verfassen in Einzelarbeit einen zusammenfassenden Schlusssatz: »Meine wichtigste Erkenntnis ist... / Meine Prophetin sagt...«

Propheten
arbeiten nachts
die Traumschicht
ist härter
als man glaubt
ganze Völker
Ereignisse
laufen
am Fließband
vorbei
Richtung Zukunft
müssen zunächst
geprüft werden
einsortiert
in Bilder verpackt
mit Sprache verschnürt
vorbereitet
für den weltweiten Versand
am frühen Morgen

Ania Tomczyk

W. Abel

Gabriele Theuer

»Der Mann, der die Götter sah«

Prophetie in der Umwelt Israels

Im Buch Numeri werden wir Zeugen einer heftigen Auseinandersetzung zwischen dem Moabiterkönig Balak und dem Propheten Bileam. Balak lässt den bekannten Propheten von weit her holen. Dieser soll das Volk Israel, das ihm zu mächtig ist, verfluchen. Doch er hat die Rechnung ohne den Propheten gemacht. Bileam weist Balak auf sein prophetisches Selbstverständnis hin: *»Ich kann nur sagen, was Gott mir in den Mund legt«* (Num 22,38). Dann geht er beiseite, um Gott zu begegnen, und empfängt eine Vision:

»Da kam der Geist Gottes über ihn, und er begann mit seinem Orakelspruch und sagte: Spruch Bileams, des Sohnes Beors, Spruch des Mannes mit geschlossenem Auge, Spruch dessen, der Gottesworte hört, der eine Vision des Allmächtigen sieht, der daliegt mit entschleierten Augen« (Num 24,2b-4; vgl. 24,15f).

Doch der folgende Orakelspruch bringt statt der von Balak erhofften Verfluchung der Feinde einen Segen für Israel. Sooft Bileam seine Vision in Worte fasst, prophezeit er die Macht Israels und die Vernichtung seiner Feinde. Der Konflikt zwischen König und Prophet, der im göttlichen Auftrag etwas anderes ansagt, als der König sich erwartete, begegnet mehrmals im Alten Testament. Doch das Besondere an dieser Erzählung ist, dass es sich nicht um einen König von Israel, sondern von Moab und auch nicht um einen Propheten Israels handelt. Bileam ist vielmehr im transjordanischen Raum beheimatet. Doch selbst dieser »ausländische« Prophet Bileam wird hier – so wie die echten Propheten Israels – als »Sprachrohr« Jahwes vorgestellt, der in unmittelbarem Kontakt mit Gott steht und dessen Botschaft dem König mitteilt. Sicherlich ist die hier geschilderte Szene eine theologische Erzählung, die aufzeigen will, dass die Macht Jahwes auch die umliegenden Völker und deren Propheten umgreift. Neuere archäologische Ausgrabungen haben aber bestätigt, dass es im ostjordanischen Raum tatsächlich einen Seher namens Bileam gab, dessen göttliche Botschaften als so bedeutend galten, dass man sie schriftlich festhielt.

Die »Bileam-Inschrift« aus Tell Der 'Alla

An einer Wand eines Heiligtums des 8.-9. Jh. v. Chr. in Tell Der 'Alla im mittleren Jordantal in Transjordanien fand sich eine bruckstückhaft erhaltene zweiteilige Inschrift. Diese spiegelt vermutlich aramäischen Einfluss, da das Gebiet um Der 'Alla um 800 v. Chr. zum aramäischen Königreich von Damaskus gehörte. Vermutlich ist von einer gemischten aramäisch-ammonitischen Bevölkerung auszugehen. Auch Schrift und Sprache der Inschrift werden in der Forschung meist als alt- bzw. protoaramäisch klassifiziert. Die archaische Sprache legt nahe, dass der Text um einiges älter ist (evtl. 10. Jh. v. Chr.) als der Zeitpunkt seiner monumentalen »Veröffentlichung« in Tell Der 'Alla.

Aufgrund des fragmentarischen Charakters ist die Interpretation des Textes in der Forschung umstritten. Sicher ist, dass es sich nicht um eine Königsprophetie handelt. Da nirgends im Text der Gottesname »Jahwe« genannt ist, repräsentiert die Inschrift vermutlich einen außerjahwistischen Kult. Nach der Überschrift der Inschrift handelt es sich um die Kopie eines Auszugs aus der *»Schrift des Balaam, des Sohnes Beors, des Mannes, der die Götter sah«*, der mit dem in Num 22-24 beschriebenen Seher Bileam zu identifizieren ist.

Das am besten erhaltene und am ehesten verständliche Fragment enthält eine Erzählung über den Propheten Bileam, innerhalb derer ein kurzer (bisher noch weitgehend unverständlicher Gottesspruch) und eine ausführliche Visionsschilderung überliefert werden. Der Text beschreibt, dass eine Gottheit dem Seher in einer nächtlichen Vision bevorstehendes Unheil offenbart, welches dieser am nächsten Tag seinen Volksgenossen mitteilt. So beginnt Bileam seinen Bericht: *»Setzt euch und ich werde euch mitteilen, was Scha[...] ...«* Die folgenden Zeilen deuten darauf hin, dass diese Gottheit beabsichtigt, eine Katastrophe über die Bevölkerung zu bringen, und die anderen Götter eine Götterversammlung einberiefen, um sie davon abzubringen oder das Unglück zumindest einzudämmen:

»[Die Gött]er versammelten sich, indem die Schadday-Gottheiten
zur Versammlung zusammentraten und zu Scha[...] sprachen:
Du magst die Riegel des Himmels zerbrechen, in deiner Wolke
mag Finsternis sein ... – aber grolle nicht ewig!«

Die folgenden Zeilen geben eine plastische Schilderung der chaotischen Zustände, die als Folge der durch die Götter verursachten gravierenden Störung der Weltordnung eintreten.

Mit dem »Zerbrechen der Riegel des Himmels« könnte neben der im Text genannten Dunkelheit auch das Fernbleiben von Regen und Fruchtbarkeit oder aber wolkenbruchartige, sintflutartige Regenfälle und damit die Zerstörung der Ernten gemeint sein. Dazu passt die Nennung der Schadday-Götter, da diese im Raum Palästina als Fruchtbarkeits- und Unterweltsgötter galten. Im Alten Testament werden die »Schaddayin« (schedim: Schadday-Götter) mehrmals parallel zu den »Göttern« (elohim) genannt (Dtn 32,16f) und galten vermutlich als Unterweltsgottheiten. So geht aus Ps 106,37-39 hervor, dass ihnen Menschenopfer dargebracht wurden; die Einheitsübersetzung übersetzt »Dämonen«. Vermutlich kündigte Bileam im Namen der Gottheit eine bevorstehende Naturkatastrophe an, die wohl bald danach eintraf, weshalb die Worte des Sehers inschriftlich dokumentiert wurden.

Inschrift des aramäischen Königs Zakkur von Hamat

Neben der sog. »Bileam-Inschrift« ist im Raum Syrien-Palästina noch die Inschrift des aramäischen Königs Zakkur von Hamat (um 800 v. Chr.) von Bedeutung. Dieser war – wahrscheinlich im Jahr 797/6 v. Chr. – von einer übermächtigen Koalition syrischer Fürsten in seiner Stadt Hadrikk (die im Alten Testament unter Hadrach begegnet) eingeschlossen. Er berichtet, dass er während der feindlichen Belagerung seinen Gott, den »Himmelsherrn« Ba'alschamin anfleht, woraufhin ihm »durch Seher« und »Zukunftskundige« von Seiten des Gottes Ba'alschamin die Zusage von Erhörung und Beistand zuteil wurde. Diese Prophezeiung ging schließlich in Erfüllung, wohl durch das Eingreifen des assyrischen Königs Adadnirari III., das im Text allerdings nicht erwähnt wird. Aus Dank für die wunderbare Rettung ließ König Zakkur eine monumentale Stele von knapp 2 m Höhe mit dieser Inschrift aufstellen:

»Ich bin Zakkur, der König von Hamath ... und Ba'alschamin machte mich zum König über Hazrak. Da brachte Barhadad, der Sohn des Haza'el, der (des) König(s) von Aram gegen mich ... zehn Könige zusammen ... Da errichteten alle diese Könige einen Belagerungswall gegen Hazrak und richteten eine Mauer auf, höher als die Mauer von Hazrak, und hoben einen Graben aus, tiefer als [sein] Graben. Da erhob ich meine Hände zu Ba'alschamin, und es erhörte mich Ba'alschamin. [Da redete] Ba'alschamin zu mir [durch] Vermittlung von Sehern und durch Vermittlung von Zukunftskundigen, [und es sprach] Ba'alschamin [zu mir]: 'Fürchte dich nicht; denn ich habe dich zum König gemacht, und ich werde dir beistehen und ich werde dich erretten vor allen [diesen Königen, die] einen Belagerungswall gegen dich aufgeworfen haben'.« (KAI 202, Teil A, Z. 2-5. 9-15; zitiert nach Donner/Röllig, KAI II [1973] S. 204f)

Wie mehrmals im Alten Testament übermitteln die Propheten hier dem König in einer bedrohlichen Situation die Beistandszusage des Hauptgottes sowie seine Zusicherung, ihn vor der drohenden Gefahr zu retten.

Propheten in Phönizien

Auch in den phönizischen Städten ist das Phänomen der Prophetie belegt. So berichtet der sog. »Reisebericht« des Ägypters Wenamun aus der ersten Hälfte des 11. Jh. v. Chr. von einem ekstatischen Propheten in der Hafenstadt Byblos. Wenamun schildert, wie er in Byblos in große Bedrängnis geriet, aus der er durch einen Gottesspruch, den ein Gefolgsmann des Königs Zakarbaal von Byblos in Ekstase empfing, befreit wurde. Da die Erzählung höchstwahrscheinlich fiktiv ist, zeigt sie, dass in Ägypten ekstatische Prophetie als typisch für die asiatische Nachbarregion angesehen wurde. Dies erklärt auch, warum nicht angegeben wird, welche Gottheit den phönizischen Propheten inspiriert hat.

Propheten in Mari

Die bislang engste Parallele zur alttestamentlichen Prophetie bezeugen die Briefe aus der ehemaligen Metropole Mari am mittleren Eufrat sowie einige Briefe aus Babylon aus altbabylonischer Zeit (ca. 18. Jh. v. Chr.), die ältesten sicheren Zeugnisse altorientalischer Prophetie. Die dort genannten Gottesboten erfuhren die Aufträge der Gottheit aus Zeichen, Träumen und ekstatischen Erlebnissen und gaben sie als Orakel weiter.

Die Botschaften der Gottheiten sind fast ausnahmslos an den König gerichtet. Meist sind sie in Briefen hochgestellter Persönlichkeiten des Königshofs und der Verwaltung enthalten, in denen diese von eigenen oder fremden prophetischen Erfahrungen berichten und die Worte verschiedener kultisch verehrter Gottheiten übermitteln. Als Götter, die die Orakel senden, begegnen in Babylon vor allem der Reichsgott Marduk, in Mari unter anderen die Göttin Ischtar, der auch im AT belegte Gott Dagan und der Sonnengott Schamasch. Die Prophetinnen und Propheten gehören oft dem Kultpersonal von Tempeln an, teilweise sind sie aber auch aus dem Laienstand. Gelegentlich wird angegeben, dass sie ihre Offenbarungen im Tempel einer Gottheit empfingen, manchmal im Zusammenhang mit Opfern. Der Empfang der Offenbarung erfolgt häufig durch eine Vision im Wachzustand bzw. im Traum oder durch Ekstase. Öfters ist jedoch einfach vom »Sprechen« der Gottheit die Rede.

Inhaltlich handeltes sich bei gut der Hälfte der Texte um Heilsprophetien, ähnlich denen im Alten Testament überlieferten: Dem König wird eine lange, erfolgreiche Regierung und göttlicher Beistand gegen innere und äußere Feinde zugesagt. Manchmal geben die Gottheiten auch konkrete Anweisungen bei Feldzügen oder kündigen feindlichen Staaten (z. B. Assyrien) Unheil an, vergleichbar den alttestamentlichen Fremdvölkerworten. Einige weniger »positiv« klingende Prophetenworte und Trauminhalte aus Mari reflektieren bereits die zunehmende Verschlechterung der politischen Lage, an deren Ende die Eroberung der Stadt durch Hammurapi von Babylon stand. Auch sonst wird Negatives nicht ausgeklammert. So kündigt ein Gottesorakel aus Mari eine Seuche an, während ein anderer den Tod einer neugeborenen Tochter des Königs Zimrilim vorhersagt.

Eine Anzahl von Texten enthält auch kultische oder ökonomische Forderungen bestimmter Gottheiten an König Zimrilim von Mari. Nur sehr selten geht es um Privatangelegenheiten, was aber vermutlich damit zusammenhängt, dass die Mari-Briefe aus dem Palastarchiv stammen, wo Briefe mit öffentlichem Charakter aufbewahrt wurden. In einem Mari-Brief, der von einem Beamten namens Itur-asdu an den König Zimrilim von Mari gerichtet ist, berichtet ein Seher namens Malik-Dagan von einem Traumgesicht, in dem er sich im Dagan-Tempel zu Terqa vor dem Gott Dagan niederwarf und ein Wort des Gottes empfing. Der Gott beklagt sich über die Vernachlässigung seines Kultes von seiten des Königs und fährt dann an Malik-Dagan gewendet fort:

»Jetzt geh! Ich habe dich geschickt. Zu Zimrilim wirst du folgendermaßen sprechen: Schicke deine Abgesandten zu mir und erstatte mir vollständigen Bericht! Dann will ich auch die Scheichs der Banjaminiten in einem Fischerkorb zappeln lassen und vor dich hinstellen!« (AOT 72).

Hier gibt es bis in den sprachlichen Ausdruck hinein Parallelen mit Heilsankündigungen alttestamentlicher Propheten in konkreten außenpolitischen Situationen (vgl. die aus der Sprache der »Jahwe-Kriege« bekannte »Übergabeformel« in 1 Kön 22,11; Jes 27,29).

Etwa zeitgleich zu Mari (18. Jh. v. Chr.) ist auch in Aleppo ein Prophet, der am Heiligtum amtiert, mit der Bezeichnung »der Antwortende« belegt.

Propheten in Assyrien

Auch im assyrischen Reich sind Prophetenworte an die assyrischen Könige überliefert, in denen verschiedene von den jeweiligen Königen besonders verehrte Gottheiten diesen ihren Beistand im Kampf gegen die Feinde zusichern. In einem Orakeltext einer Priesterin namens Ischtarlataschiat am Ischtar-Tempel von Arbela zur Zeit des assyrischen Königs Asarhaddon (681-669 v. Chr.) heißt es:

»Asarhaddon, König der Länder, fürchte dich nicht! Achte auf den Windhauch, der dich anweht, den ich spreche, ohne abzubrechen. Deine Feinde werden wie Rohrschweine im Siwan vor deinen Füßen dahinlaufen. Die große Beltu ('Herrin') bin ich. Ich bin Ischtar von Arbela, die deine Feinde vor deinen Füßen vernichten wird. Welches sind die Worte von mir, die ich zu dir sprach, auf die du dich nicht verlassen konntest?

Ich bin Ischtar von Arbela, auf deine Feinde werde ich lauern. Ich werde (sie) dir geben. Ich, Ischtar von Arbela, werde vor dir und hinter dir einhergehen. Fürchte dich nicht! Du (bleib) in Freuden! Inmitten von Wehe stehe ich auf (und) sitze. Aus dem Mund des Ischtarlataschiat, aus Arbela.« (AOT 281)

Fazit

Die zahlreichen Inschriften aus dem Raum Syrien-Palästina machen deutlich, dass die Prophetie nicht – wie lange Zeit angenommen wurde – ein Spezifikum der Religion Israels ist, wo die Propheten neben den Priestern zu den wichtigsten religiösen Spezialisten gehörten. Vor allem die Entdeckung des Keilschriftarchivs der ehemaligen Metropole Mari am mittleren Euphrat belegt, dass die Institution der Prophetie ein wesentliches Merkmal der verschiedenen altorientalischen Kulturen bildete. Auch dort spielen Propheten als Mittler zwischen Gottheit und Mensch, besonders als Übermittler göttlicher Botschaften, eine große Rolle. Die Inschriften führen vor Augen, dass die altorientalische Prophetie der alttestamentlichen räumlich und kulturell, teilweise auch zeitlich nahesteht und deutliche Parallelen zu ihr besitzt. So weisen eine beträchtliche Anzahl altorientalischer Texte vom Ende des 2. und aus der ersten Hälfte des 1. Jt. v. Chr. grundsätzliche Gemeinsamkeiten zu alttestamentlichen Prophetenüberlieferungen auf, unabhängig vom Status ihrer Autor/innen und der Weise ihrer Überlieferung. Den verschiedenen Zeugnissen ist gemeinsam, dass ein Prophet bzw. eine Prophetin in einer Vision, Audition, einer audiovisuellen Erscheinung oder im Traum der Offenbarung einer Gottheit oder mehrerer Gottheiten teilhaftig wird. Er/sie weiß sich ferner durch diese Gottheit(en) beauftragt, das Geoffenbarte verbal als »Prophetenwort« oder ohne Worte in symbolischen Zeichenhandlungen an einen Dritten oder Dritte, die eigentlichen Adressaten des Gotteswortes weiter zu leiten. Wie die alttestamentlichen Propheten verstehen sich auch die Propheten der umliegenden altorientalischen Kulturen als »Sprachrohr« der Gottheit, die von dieser beauftragt sind, kommendes Unheil anzukündigen bzw. dieses durch das Befolgen ihrer Worte abzuwenden oder aber in Krisenzeiten die Heils- und Beistandszusage der Gottheit zu übermitteln.

Bibelarbeit

1. Auf den Bibeltext zugehen

a) Einstimmung: stille Besinnung

- Die Teilnehmenden (TN) schließen die Augen.
- Die Leitung liest langsam folgende Verse vor:
  Spruch des Mannes mit geschlossenem Auge,
  Spruch dessen, der Gottesworte hört,
  der die Gedanken des Höchsten kennt,
  der eine Vision des Allmächtigen sieht,
  der daliegt mit entschleierten Augen.
  (Num 24,15f.)

b) »Blitzlicht« (die TN äußern sich reihum, ohne Kommentierung) und anschließend kurzer Austausch in der Gruppe:

- Wie wirken diese Worte auf mich? Was lösen sie in mir aus?
- Von wem könnten diese Worte stammen?

2. Dem Bibeltext begegnen

a) Textarbeit zu Num 24,2-17.25:

- Die TN lesen gemeinsam den Bibeltext (Num 24,2-17.25; auf einem Textblatt).
- Klären von Verständnisfragen
- Die TN erschließen zu zweit: Um wen handelt es sich wohl bei Bileam?

Sie finden Gemeinsamkeiten bzw. Unterschiede zu den ihnen aus dem Alten Testament bekannten israelitischen Propheten.

b) Vertiefung: außerbiblische Zeugnisse von Propheten

- Die TN erhalten ein Textblatt mit einigen außerbiblischen Zeugnissen von Propheten (mit Angabe des Fundortes und der Zeit; siehe die Zitate im Artikel)
- Sie befassen sich jeweils zu zweit mit einer oder zwei dieser Inschriften:
  - Was sind die Kennzeichen dieser Inschrift?
  - Gibt es Entsprechungen zu alttestamentlichen Prophetenäußerungen?
- Die TN stellen ihre Beobachtungen der Gruppe vor.
- Weiterführendes Gespräch in der Gruppe; evtl. Einbringen von Hintergrundinformationen durch die Leiter.

3. Mit dem Bibeltext weitergehen

- Die TN stellen (evtl. zu zweit) eine biblische Figur in der Körperhaltung, wie sie sie als typisch für einen Propheten ansehen.
- Abschließend äußern sie reihum:
  Am heutigen Abend ist mir über Propheten neu aufgegangen, wichtig geworden ...

Literatur

H. Donner / W. Röllig, Kanaanäische und aramäische Inschriften **(KAI)**, Bd. I. Texte, Wiesbaden ^{3}1971; Bd. II. Kommentar, Wiesbaden ^{3}1973.

H. Gressmann, Altorientalische Texte zum Alten Testament **(AOT)**, Berlin-Leipzig 1926.

Franz Josef Stendebach, Rufer wider den Strom. Sachbuch zu den Propheten Israels, Stuttgart 1985/1992.

Manfred Weippert, Prophetie im Alten Orient, in: Manfred Görg / Bernhard Lang (Hg.), Neues Bibellexikon, Zürich-Düsseldorf 1997, 196-200.

Simeon

sein Lächeln
fast jungenhaft
schelmisch
sein Blick
als ob er
etwas wüsste
was keiner
wissen kann
ein Geheimnis
ahnungsvolle Freude
über das
unerwartete
Eintreffen
des lange
Erwarteten

Ania Tomczyk

W. Abel

Egbert Ballhorn

Simeon: Der Jesaja des Neuen Testaments

Lk 2,21-40

Propheten sind zuallererst Gestalten der Gegenwart. Und doch sind sie Brückenbauer: von der Vergangenheit in die Gegenwart, von der Zukunft in die Gegenwart. Und hauptsächlich zwischen Gott und Menschen. Immer jedoch sagen sie das Neue, das häufig niemand hören will oder was niemand so erwartet hätte. Eine solche unerwartete Begegnung haben Josef und Maria, als sie Jesus in den Tempel tragen, um dort die Tora zu erfüllen. Zwei prophetisch inspirierte Menschen warten im Tempel auf sie, Simeon und Hanna, um zu das Kind zu sehen und über es zu sprechen.

Der Tempel

Der Ort der Begegnung ist der Tempel. Er ist mehr als ein bloßer Treffpunkt; er ist der Mittelpunkt der Gottesstadt Jerusalem und des ganzen Gottesvolkes. Der Tempel ist Zeichen des Wohnens Gottes inmitten seines Volkes. Auch im Werk des Lukas spielt der Tempel eine wichtige Rolle. Schon Zacharias war Priester am Tempel, und dort war ihm der Engel erschienen (1,16). Später werden seine Eltern den jungen Jesus im Tempel wiederfinden (2,46). Im Tempel wird Jesus lehren (19,47). Ebenso wird später der Tempel der Ort sein, an dem die Urgemeinde Gott loben wird (24,53; vgl. Apg 2,46). Auch in der Begegnungserzählung (Lk 2) ist der Tempel der Ort, an dem Gott seine Herrlichkeit offenbart, einzigartiger Ort der Begegnungsgeschichte zwischen Gott und seinem Volk.

Der Geist

Die prophetische, die geistgewirkte Dimension spielt im Lukasevangelium eine besondere Rolle. Ehe Jesus selbst vom Geist erfüllt wird (3,22; 4,1) und er als Geistbegabter in die Öffentlichkeit treten kann (Lk 4,14-30), stehen Menschen an seinem Lebensweg, die vom Geist Gottes berührt sind: Maria empfängt ihn durch den Heiligen Geist (Lk 1,35), Elisabet wird bei der Begegnung mit der schwangeren Maria vom Geist erfüllt (Lk 1,41), ebenso erkennt Zacharias durch den Heiligen Geist in Johannes den Vorläufer des Gesalbten (1,67; vgl. 1,15). Der Geist offenbart die göttliche Dimension des Lebens Jesu, und er öffnet den Menschen die Augen für das Handeln Gottes. So wird auch der Text von der »Darstellung des Herrn« nicht müde zu betonen, dass der Heilige Geist auf Simeon ruhte, ihm offenbarte, dass er vor seinem Tod den Gesalbten sehen würde, und er ihn schließlich in den Tempel führt (2,25-27).

Das Gesetz

Es ist aber nicht der Geist allein, der den Ablauf des Geschehens in Gang setzt. Zu Anfang wird ganz selbstverständlich gesagt, dass Jesus acht Tage nach seiner Geburt beschnitten wurde. Dies ist keine beiläufige Mitteilung, sondern stellt heraus, dass die Tora ihre Bedeutung auch für den Gesalbten Israels hat.

Noch viel öfter als vom Heiligen Geist ist vom Gesetz die Rede, dem Josef und Maria bei der Geburt ihres Kindes folgen. So ist der Begriff »Gesetz« für Lukas durch und durch positiv geprägt. Ausdrücklich ist vom Gesetz des Mose (2,22) oder vom Gesetz des Herrn (2,23f.; 39) die Rede. Das Gesetz ist der selbstverständliche Heilsweg, den Gott seinem Volk geschenkt hat. Diese Heilsfunktion wird es auch an Jesus erweisen, aber in spezifischer Weise. Das Gesetz ist es, das die Eltern Jesu nach Jerusalem in den Tempel führt. Dort sollen zwei Dinge geschehen. Das eine ist die Auslösung der Erstgeburt. Jeder erstgeborene Sohn ist von der Tora her Gott geweiht, und es ist gegenüber einem Priester eine Auslösung zu zahlen (Ex 13). Die andere Vorschrift bezieht sich auf die Reinigung der Mutter. Gemäß der Tora bedeutet jeder Kontakt mit Blut eine rituelle (keine moralische) Verunreinigung, weil Blut für das Leben schlechthin steht und allein in die Verfügungsgewalt Gottes gehört. Weil jede Geburt zu Blutkontakt führt, ist die Mutter nach vierzig Tagen im Tempel einer kultischen Reinigung zu unterziehen, die von einem Tieropfer begleitet ist.

Interessanterweise ist Lukas in der Wiedergabe der Gesetzesvorschriften nicht genau, denn er bringt beide Vorschriften in einer Szene zusammen. Für das Reinigungsopfer der Mutter ist die Anwesenheit des Kindes nicht erforderlich, während die Auslösung der Erstgeburt gar nicht am Tempel stattfinden muss. An diesen Einzelheiten ist Lukas nicht interessiert, er will vielmehr Jesus als denjenigen darstellen, der grundsätzlich dem Gesetz folgte.

So treffen am Tempel zu Jerusalem zwei Gruppen von Menschen zusammen, die auf unterschiedliche Weise vom Willen Gottes geführt werden: die Eltern Jesu vom Gesetz und Simeon und Hanna vom Geist, der sie zu Prophet und Prophetin macht. Gesetzestreue im Alltag und außergewöhnliche Geisteinwirkung: durch beides wirkt Gott sein Heil, und hier wirkt beides zusammen, um Jesus als den Auserwählten Gottes für sein Volk Israel und die Heiden zu offenbaren. Tora und Geist Gottes gehören zusammen. Das eine kann nicht ohne das andere wirksam werden! In dieser Perikope stehen die Eltern Jesu einmal für alltägliches Tun der Glaubenspraxis, während die beiden Gestalten von Simeon und Hanna die außergewöhnlichen Seiten Israels, seine Geistbegabung und seine eschatologische Zukunftsoffenheit, zugleich auch die »Fülle der Zeit« verkörpern.

Die Prophetie

Simeon erkennt die Gnade der Stunde und »empfängt« (nicht »nimmt«) das Kind auf seine Arme (V. 28). Ähnlich wie Maria und Zacharias überkommt ihn der prophetische Geist, und er kann das Geschehen vor seinen Augen in einem Hymnus deuten, der ganz von der prophetischen Erfahrungssprache Israels durchdrungen ist. Hier wird Simeon wirklich zum Jesaja des Neuen Testaments.

»Nun entlässt du deinen Knecht, Herr, nach deinem Wort in Frieden« (2,29). Simeon spricht weder das Kind, noch seine Eltern an, sondern wendet sich direkt an Gott. In prophetischem Geist kann er das unscheinbare Zeichen des Kindes als Zeichen Gottes deuten. Er ist bereit zu sterben, weil er die Erfüllung seines Lebenstraumes erlebt hat. Mit dieser Haltung steht er in enger Parallele zu Mose, der sein Volk auf dem vierzigjährigen Wüstenzug begleitet hatte. Vom Ostjordanland ließ der Herr ihn in weitem Blick das Land der Verheißung erblicken, bevor Mose starb und das Volk ohne in das Land in Besitz nahm (Dtn 34,1-5). Simeon ist auch eine solche Gestalt, für die der Blick auf den Anfang der Erlösung ausreicht, weil es zu sehen genügt, dass Gott sein Heil unwiderruflich ins Werk gesetzt hat.

»Fürwahr, meine Augen sahen dein Heil, das du bereitet hast vor dem Angesicht aller Nationen, ein Licht zur Offenbarung von Völkern und Herrlichkeit deines Volkes Israel« (2,31f). Hier ist die ganze Verkündigung Jesajas in wenige Verse verdichtet. Dabei wird nicht eine bestimmte Stelle des Prophetenbuches zitiert, sondern in freier Formulierung eine Summe jesajanischer Theologie hergestellt. Gott macht Israel zum Licht für die Nationen der Erde: *»Es ist zu wenig, dass du für mich Knecht bist um die Stämme Jakobs aufzurichten und die Bewahrten Israels zurückzubringen, ich mache dich zum Licht der Nationen, damit mein Heil bis an das Ende der Erde reiche«* (Jes 49,6; vgl. 42,6). Aus diesem Spruch geht Mehreres hervor: Zum einen hat Israel eine besondere Stellung

vor Gott, diese drückt sich in der hochrangigen Bezeichnung des Knechtes aus, die ein intimes Gottesverhältnis meint, man denke an den »Gottesknecht«. Auch Simeon verwendet für sich diese Bezeichnung des Knechtes und wird damit Stellvertreter Israels. Über das persönliches Gottesverhältnis hinaus erhält Israel von Gott seine Rolle für alle Völker. Weder hört die besondere Rolle Israels auf, noch werden die Völker zu Israel, aber dennoch werden sie in das Heil Israels hineingezogen. Israel wird zum Licht der Völker, wie es schon bei Jesaja steht: *»Erhebe dich und werde licht. Fürwahr, es kommt dein Licht; und die Herrlichkeit des Herrn, über dir ging sie auf«* (Jes 60,1). Es ist nicht Israels eigenes Licht, sondern Gottes Licht, das über Israel erstrahlt, und von diesem Widerschein des göttlichen Lichtes auf dem Angesicht Israels werden die Nationen der Erde angezogen.

Ungewöhnlicherweise stehen die »Völker« im Prophetenspruch des Simeon an erster Stelle, obwohl sie bisher im Lukasevangelium keine Rolle spielten. Dies ist als Auftaktsignal zu sehen, denn die Dynamik der Gottesbotschaft, die über Jerusalem hinaus bis an die Enden der Erde dringt, prägt das ganze Werk des Lukas, von seinem Evangelium bis hin zur Apostelgeschichte, die nichts anderes als diese Bewegung nachvollzieht. Das Evangelium Christi wird den Heiden verkündet. Damit lässt Lukas wahr werden, was Jesaja verkündet hat und worauf auch Simeon hinweist: *»es sehen alle Enden der Erde das Heil unseres Gottes«* (Jes 52,10). Und genau mit diesen Worten aus dem Mund Jesu beginnt die Apostelgeschichte: *»Ihr werdet meine Zeugen sein in Jerusalem und ganz Judäa und Samaria bis an das Ende der Erde«* (Apg 1,8).

Hanna

Neben die Gestalt des Simeon tritt die der Hanna. Sie hat ihre eigene Rolle, wird durch eine Vielzahl von Angaben aus ihrem Leben gekennzeichnet. Anders als von Simeon wird von ihr keine wörtliche Rede überliefert. Dennoch trifft sich ihre Aussage genau mit der Simeons, so dass beide Personen zusammen gehören. Beide tun parallel dasselbe. Simeon ist »gerecht und fromm« (2,25), und Hanna dient Gott mit Fasten und Beten (2,37). Auf Simeon ruht der Heilige Geist (2,25), Hanna dagegen ist Prophetin (2,36). Während Simeon auf den »Beistand für Israel« wartet (2,25), spricht Hanna zu allen von der »Erlösung Jerusalems« (2,38). Wie Simeon sieht sie das Kind, preist dafür Gott und spricht erst dann zu den Umstehenden. So stellen erst beide Gestalten zusammen, Mann und Frau, die Fülle des Segens Israels dar. Dies scheint der Absicht des Lukas zu entsprechen, denn er hatte ja ebenso schon die gottesfürchtigen Paare Maria und Josef sowie Elisabet und Zacharias eingeführt.

Zur Spannung von Verheißung und Erfüllung

Die Szene im Tempel ist eigentlich eine erstaunliche Erzählung, denn in ihr geschieht gar nichts, sie hat keine »Handlung«. Für uns ist dieser Text so vertraut und selbstverständlich, dass wir über manches hinweglesen. Simeon gebraucht große Worte von Offenbarung und Erleuchtung der Völker, aber das einzige, was sich den Augen bietet, sind zwei Eltern mit ihrem Kind, die im Tempel das Gesetz erfüllen, unscheinbar und nicht auffallend zwischen dutzenden anderer, die gleiches tun. Und in seinem feierlichen prophetischen Spruch redet er weder zum Kind noch zu den Eltern, sondern er spricht mit Gott und preist ihn – für etwas, das noch gar nicht eingetreten ist.

Hier wird Simeon zum Vorbild für alle Leserinnen und Leser des Evangeliums, denn er sieht mit den Augen des Geistes und des Glaubens, und er zeigt, wie die Sprache der Propheten in Jesus Christus neu aktuell geworden ist. Im Grunde lässt Lukas in der Person des Simeon den Propheten Jesaja noch einmal Gestalt annehmen und von seiner Botschaft her Jesus als Christus für Israel und die Völker deuten. Simeon verkörpert die Lebendigkeit und die Verheißungskraft des Gotteswortes. Die Aussage ist: Was schon immer der Plan Gottes war, nämlich von seinem Volk Israel her sein Heil für alle Völker der Erde zu wirken, ist nun in Jesus Christus aktuell geworden.

Hier ist es aber wichtig, nicht zu schnell das Schema von der Verheißung und Erfüllung über die Texte zu legen. Natürlich stellen die Texte des Jesaja eine Verheißung für Israel und darüber hinaus dar. Natürlich ist in Jesus der Prophetentext zu seinem Vollsinn gekommen. Aber dennoch: die Dynamik von Verheißung und Erfüllung setzt sich immer weiter fort. Wie Simeon es sagt, werden in Jesus die Verheißungen Gottes eingelöst. Aber gleichzeitig besteht die Spannung darin, dass der Verheißungsträger ein unscheinbares Kind ist, an dem noch nichts Besonderes zu entdecken ist. Dass »alle Enden der Erde das Heil Gottes schauen«, wird in seiner Dynamik erst nach der Auferweckung Jesu beginnen, wenn er seinen Jüngern den Auftrag zum Zeugnis gibt. Die ganze Apostelgeschichte handelt davon, dass die Botschaft Jesu ihren Weg in die Welt hinein nimmt. Und dieser Prozess ist bis auf den heutigen Tag nicht abgeschlossen. Also ist auch das Wort des Simeon eine Verheißung, und sie gilt bis in unsere Tage und darüber hinaus.

Mit diesen Spannungen gläubig zu leben, das lehrt uns auch Simeon in seiner eigenen Gestalt. Zum einen ist er selbst an das Ende seines Lebens gekommen, und er kann nur den Keim des Kommenden erleben. Aber sein Glaube trägt ihn über seinen Tod hinweg. Zum anderen weiß er, dass auch das Kommen des Erlösers keine fraglose Idylle bedeutet, sondern schmerzhafte Entscheidung und Scheidung. Genau diese Worte richtet er an Maria. Erst dann hat er alles gesagt, was zu sagen ist, alles, was die Summe seines Lebens darstellt. Beide Aussagen gehören zusammen. Das macht auch die

Sprachgestalt des Textes deutlich, denn mit seiner ersten Rede wendet sich Simeon an Gott, im griechischen Urtext »segnet« er ihn (2,28). Mit dem gleichen Ausdruck »segnet« Simeon die Eltern Jesu (2,34) und spricht dann zu Maria in seiner zweiten Rede. Im Deutschen ist das kaum zu übersetzen, aber in den biblischen Sprachen Hebräisch und Griechisch eine Selbstverständlichkeit. Gott segnen heißt, seine Macht und Größe anerkennen und ihn dafür preisen; einen Menschen segnen heißt, Gottes Handeln in ihm zu preisen. Genau das tut Simeon mit den Eltern Jesu. Aber bei der Durchsetzung des Heiles gibt es keine Selbstverständlichkeiten. Auch für Israel wird es eine Zeit der Spannung sein.

Simeon als Schwellengestalt

Simeon steht an der Schwelle. In der Szene im Tempel verkörpert er all das, was Israel zu Eigen ist. Gesetz und Tempel als Hauptinstitutionen der jüdischen Religion wirken bei der Offenbarung mit, auch bei der endgültigen Offenbarung des Gottessohnes. Dies ist die Aussage, die Lukas in seinem Evangelium am Herzen liegt. Nach dem Zeugnis des Lukas spielen alle Institutionen zusammen, um die Bedeutung Jesu erkennen zu lassen: das Gesetz, der Tempel, der Geist und die Schrift. Dass sie zusammenwirken, darin liegt der Segen, den Gott auf sein Volk Israel gelegt hat. Und in Simeon lässt Lukas noch einmal den Propheten Jesaja geradezu leibhaftig auftreten und mit seiner Botschaft Zeugnis für Jesus ablegen. Ohne den Propheten Jesaja und seine Verkündigung wäre es gar nicht möglich gewesen, in Jesus den Retter Israels zu erkennen, hätte es gar keine Sprache der Sehnsucht und der Hoffnung gegeben.

Für Lukas ist die Sprache Jesajas die Sprache, die es möglich macht, das Ereignis Jesu deuten zu können. Das bedeutet auch, dass Israel in den Schriften der Propheten alles an Zukunftshoffnung mit sich trägt, um die

Gegenwart bewältigen und deuten zu können. Zugleich weisen die heiligen Texte Israels von Anfang an über die Grenzen Israels hinaus und haben alle anderen Völker im Blick, denen auch Gottes Heil zuteil werden soll.

Die Kirche hat die Prophetie des Simeon zu ihrem eigenen Abendlied gemacht. Das »Nunc dimittis« bildet den Kern der Komplet, des kirchlichen Abendgebetes. Wenn die Gläubigen bei einbrechender Nacht das Licht zur Erleuchtung der Welt besingen, bekennen sie damit ihren Glauben an das österliche Licht. Es ist zugleich eine tägliche Neuerinnerung, dass wir zwischen Nacht und Tag, zwischen Verheißung und Erfüllung leben und auf die strahlende Wiederkunft Christi warten, die uns Leben über das Todesdunkel hinaus schenken wird. Darin identifizieren wir uns mit dem alten Simeon. Mit Israel und mit Simeon wissen wir, dass unsere Hoffnung nicht vergeblich ist.

Bibelarbeit

1. Auf den Bibeltext zugehen

Im Raum stehen zwei leere Stühle, von denen einer die Aufschrift »Verheißung«, der andere die Aufschrift »Erfüllung« trägt. Die Teilnehmerinnen und Teilnehmer (TN) gehen schweigend zwischen beiden Polen hin und her und bedenken dabei, was in ihrem Leben und ihrem Glaubensleben Verheißungs- und was Erfüllungscharakter trägt. Zum Schluss bestimmt jeder seinen eigenen Standpunkt zwischen beiden Polen und bleibt dort stehen.
Dann sammeln sich die TN im Kreis und tauschen sich über ihre Erfahrungen aus.

2. Dem Bibeltext begegnen

Lk 2,21-40 wird von einer Person in aller Ruhe vorgelesen. Evtl. kann eine andere Person die wörtliche Rede Simeons lesen.
Dann folgt eine Phase gemeinsamen Schweigens, in der der Text bedacht wird. In dieses Schweigen hinein können die TN jene Worte oder Versteile sprechen, die sie bewegen.
Dann folgt ein gemeinsames Rundgespräch, in dem die Struktur des Textes und seine Aussagen erarbeitet werden.
Hierbei sind vielleicht folgende Fragen hilfreich:

- Wofür stehen die einzelnen Personen der Geschichte?
- Was verkörpert Simeon, was die Eltern Jesu, was Jesus, was Hanna?
- Wie stehen die Eltern Jesu, wie steht Jesus in der Spannung von Verheißung und Erfüllung für ihr Leben?

3. Mit dem Bibeltext weitergehen

- Was haben uns die biblischen Texte in unser eigenes Leben mit seiner Spannung zwischen Verheißung und Erfüllung zu sagen?
- Wo erleben wir Gott und sein Wirken in dieser Spannung?
- Wo steht unsere Gemeinde in diesem Feld? Wo steht die Kirche?
- Wo steht die innerchristliche Ökumene in diesem Spannungsfeld, wo unser Verhältnis zu Israel?

Abschluss:
Wenn die Veranstaltung am Abend stattfindet, bietet es sich an, sie mit der gemeinsamen Komplet zu beenden (GL 695ff).

Propheten
schlummern
heutzutage
mitten
in der Gemeinde

in mir
in dir
Mund
Ohr
Auge
Hand
Fuß
regungslos

bis das Rauschen
des Geistes
wachrüttelt
den Leib Christi
aus dem Schlaf der
Gewohnheit
und er sich
in Bewegung setzt
die Welt
zu bewegen

Ania Tomczyk

W. Abel

Bettina Eltrop

Gottes Geist in der Gemeinde

Prophetie im Neuen Testament und heute

Die Bibel kennt viele Prophet/innen, Männer und Frauen, die in ihrer je eigenen Gegenwart unverfälscht für Wahrheit und Gerechtigkeit eintreten. Wir kennen meist die Prophet/innen aus den Schriften des Ersten Testaments: Elija, Jesaja, Jeremia, Ezechiel, Micha sowie Mirjam, Hanna, Debora und andere mehr. Doch gibt es auch prophetische Stimmen im Neuen Testament? Da werden viele sicherlich zaghafter: Johannes der Täufer könnte vielleicht als Prophet bezeichnet werden, vielleicht auch Jesus – aber sonst? In diesem Beitrag machen wir uns auf die Suche nach neutestamentlicher Prophetie. Wir werden dabei Erstaunliches entdecken: die tiefe Verwurzelung in der Prophetie Ersten Testaments und das Antlitz der vielen Jesusnachfolger/innen, letztlich der Kirche als prophetisches Volk Gottes.

Keine Wahrsager, sondern Wahrheitssager

Die biblischen Prophet/innen bestechen nicht durch ihre übernatürlichen und hellseherischen Fähigkeiten. Sie sind keine Wahrsager – und sie sind es doch: Sie sagen die Wahrheit, sagen das, was andere auch sehen oder wenigstens sehen könnten und doch nicht sagen (Jes 6,9f). Sie sind das Auge, Ohr und der Mund ihres Gottes: Sie blicken auf die Untersten der Gesellschaft und hören ihre Klagen. Sie prangern mutig und parteilich die Missstände im eigenen Volk an und üben leidenschaftlich Kritik an ungerechten Herrschaftsstrukturen. Ohne Angst und ohne Rücksicht auf eigene

Nachteile leben sie ganz im Dienst ihres Gottes und stehen für eine Zukunft in Gerechtigkeit. Woher nehmen sie ihre Kraft? Woher ihre Gewissheit und Hoffnung?

Eine Botschaft von Gottes Menschenfreundlichkeit und Liebe

Der Maßstab und Grund der Prophet/innen des Alten wie auch des Neuen Testaments ist die Offenbarung des befreienden und lebendigen Gottes selbst, wie sie die biblische Tradition allerorts bezeugt. Tragender Grund ihres Handelns ist die eigene Beziehung zu Gott und das Wissen um die Gotteserfahrung des jüdischen Volkes. Viele Texte des Ersten Testaments sprechen von den grundlegenden Gotteserfahrungen Israels, die Quellgrund der Prophetie sind. Es sind die Befreiungserfahrungen Israels: Ob aus Ägypten oder aus dem Babylonischen Exil, immer wieder wurde das Volk aus der Unterdrückung durch eine ausländische Supermacht befreit. Davon erzählen besonders eindringlich das Buch Exodus und andere Texte aus dem Pentateuch, die das Volk überdies mahnen, nie die eigene Unfreiheit zu vergessen: *»Denk daran: Du bist in Ägypten Sklave gewesen.«* (Dtn 16,12a vgl. auch Dtn 26,5-9)

In Israels eigene Geschichte ist also eingeschrieben, dass Gott auf der Seite der Kleinen und Unterdrückten steht und weiter stehen wird. Aus der eigenen Geschichte erwächst das Mandat, auch selbst für Freiheit und Gerechtigkeit einzutreten (Lev 19,33f: *»Wenn bei dir ein Fremder in eurem Land lebt, sollt ihr ihn nicht unterdrücken. Der Fremde, der sich bei euch aufhält, soll euch wie ein Einheimischer gelten und du sollst ihn lieben wie dich selbst; denn ihr seid selbst Fremde in Ägypten gewesen. Ich bin der Herr, euer Gott.«*)

Insbesondere die Tora (vgl. z. B. Ex 3) und die prophetischen Schriften der Bibel sind der Quellgrund, aus dem die neutestamentliche Prophetie schöpft und die sie mit eigenen Erfahrungen der lebendigen Gottesgegenwart verbindet. So sagt Jesus in Mt 11,13: »*Denn bis hin zu Johannes haben alle Propheten und das Gesetz (über diese Dinge) geweissagt*«. Oder in der Antrittspredigt Jesu in Nazaret lässt der Evangelist Lukas Worte aus dem Buch des Propheten Jesaja (Jes 61,1; 58,6) und der Tora (Lev 25,10) als neue Heilsbotschaft sich gegenseitig verstärken und neu auslegen: »*Der Geist des Herrn ruht auf mir; denn der Herr hat mich gesalbt. Er hat mich gesandt, damit ich den Armen eine gute Nachricht bringe; damit ich den Gefangenen die Entlassung verkünde und den Blinden das Augenlicht; damit ich die Zerschlagenen in Freiheit setze und ein Gnadenjahr des Herrn ausrufe*« (Lk 4,18f). Das Wort Gottes erweist sich in diesem Prozess als lebendiges Wort. Es schöpft aus der schon ersttestamentlich verkündeten Botschaft von Gottes Menschenfreundlichkeit und Liebe und sagt diese der veränderten Zeit neu an.

Wenn wir das neutestamentliche Zeugnis ansehen, so entdecken wir, dass die neutestamentliche Prophetie nicht abgelöst von der des Ersten Testaments gelesen werden kann. Wir entdecken den Strom an Künder/-innen, der durch die Zeiten der Geschichte Israels geht und in den die neutestamentliche Prophetie und ihre Träger/innen mitten hinein gehören. Darum spannt sich auch der Bogen prophetischer Texte im neutestamentlichen Zeugnis von wörtlichen Zitationen aus dem Ersten Testament (vor allem Deutero-Jesaja) bis hin zur Ankündigung einer prophetischen Nachfolge-Gemeinschaft Jesu Christi, in der alle Söhne und Töchter Prophet/innen sind (Apg 2,16ff), und zieht sich weiter aus bis heute.

Ort der Prophetie – das leidende Volk

Die neutestamentliche Prophetie und ihre Prophet/innen stehen nicht nur in der geschichtlichen Tradition des Volkes Israels, sie sind auch eingebettet in die Nöte des einfachen jüdischen Volkes. Aus der Mitte ihres Volkes stehen sie auf: Johannes, Jesus, Maria und Elisabet, die Anhängerschaft Jesu, die am Pfingsttag in Jerusalem versammelt ist, die Prophet/-innen aus Korinth – sie alle gehören zu den »kleinen Leuten« und kennen deren Sorgen und Nöte. Das Volk ist es, das Jesus einen Propheten nennt (Mt 21,11; Joh 6,14). *»Er war ein Prophet, mächtig in Wort und Tat vor Gott und dem ganzen Volk«*, sagen die Emmausjünger (Lk 24,19). Die Auferweckung des Jünglings von Nain durch Jesus wird vom Volk gedeutet: *»Es ist ein großer Prophet unter uns aufgestanden. Gott hat sich seines Volkes angenommen.«*

Sprachregelungen der Mächtigen durchbrechen

Zacharias, Maria, Elisabet, Hanna und Simeon, Johannes – all diese prophetischen Gestalten stammen aus dem einfachen Volk. Ihnen allen sind große prophetische Texte in den Mund gelegt wie das Magnificat, Nunc dimittis (vgl. den Beitrag v. Egbert Ballhorn) oder Benedictus. Sie verkünden, dass Gottes Wille unter den gegenwärtigen Bedingungen der Welt Gestalt annimmt. Sie stiften mit ihrer prophetischen Zeitansage, die sich zugleich der schon geschichtlich erfahrenen Befreiungstaten Gottes erinnert, neue Hoffnung unter den Geschundenen, Hungernden und Verarmten, die unter der Herrschaft Roms und eigener despotischer Könige wie Herodes zu leiden hatten. Indem sie die gesellschaftlichen Strukturen der Ungerechtigkeit und Unterdrückung benennen, durchbrechen sie die Sprachregelungen der Mächtigen

Das Magnificat zum Beispiel macht den Zusammenhang zwischen Verarmung und schlechter Herrschaft sichtbar und zeigt wie Gott in diesen ungerechten Strukturen Gerechtigkeit schafft: *»Er stürzt die Mächtigen vom Thron und erhöht die Niedrigen. Die Hungernden beschenkt er mit seinen Gaben und lässt die Reichen leer ausgehen«* (Lk 1,52f). Maria singt dieses Lied als einfache junge Frau des armen und erniedrigten Volkes. Sie singt es und weiß sich mit dieser Gotteserfahrung nicht allein: sie ist in der Geschichte Israels fest verankert, Israel hat das alles schon erfahren: *»Gott nimmt sich seines Knechtes Israel an und denkt an sein Erbarmen, das er unseren Vätern verheißen hat, Abraham und seinen Nachkommen auf ewig«* (Lk 1,54f). Damit ist das Magnificat auch viel mehr als das Lied einer einzelnen Prophetin. Es ist das Lied einer Gemeinschaft, das Erinnerungen an den befreienden Gott aus ihren Traditionen mächtig zusammenklingen lässt: aus den Psalmen, Prophetenworten, aus dem Hannalied im 1. Samuelbuch entsteht so im Magnificat neu ein kraftvolles Lied vom Gerechtigkeit schaffenden Gott, wie ihm das Volk Israel schon durch die Zeiten begegnet ist.

… und authentisch leben

Die Prophetin Hanna lebte im Jerusalemer Tempel. Dort, wo das Volk Israel sehnsüchtig auf das Eingreifen seines Gottes wartete, diente sie Gott mit Fasten und Gebet – und war somit das lebendige Abbild des drängenden Wartens auf das Eingreifen Gottes. Als sie in Jesus die anbrechende Befreiung erkennt, spricht sie davon prophetisch zu allen Leuten, die am Tempel versammelt sind (Lk 2,36-38). Vermutlich eine prophetische Zeichenhandlung war es auch, die Jesus letztendlich den Kopf kostete: die Tempelreinigung (Mt 21,12-17, vgl. V. 11!). Zur Botschaft gehört, dass sie nicht nur gesagt, sondern auch gelebt wird – für alle offensichtlich, vorbildhaft und manchmal sogar anstößig provokativ.

Gottesknechte

Jesu Verkündigung ist fest in der Tradition der biblischen Prophetie verankert. So verkündet Jesus in seiner Antrittspredigt in Nazaret das Evangelium mit den Worten des Propheten Jesaja: *»Der Geist des Herrn ruht auf mir; denn der Herr hat mich gesalbt. Er hat mich gesandt, damit ich den Armen eine gute*

Nachricht bringe; damit ich den Gefangenen die Entlassung verkünde und den Blinden das Augenlicht; damit ich die Zerschlagenen in Freiheit setze und ein Gnadenjahr des Herrn ausrufe« (Lk 4,18f, vgl. Jes 61,1; 58,6). Auch die Taten Jesu erinnern an die Taten der großen Propheten Elija und Elischa: Auferweckungen, Heilungen, große Speisungen. Darum wird Jesus vom Volk als wiedergekommener Elija (Mal 3,23f) oder als der endzeitliche Prophet (Dtn 18,15ff) angesehen (wie übrigens auch Johannes der Täufer: Mt 11,14; Joh 1,21; Jesus: Mt 16,14 par; Mk 6,14-16 par Lk 9,8).

Jesus wird im NT nicht nur in sog. »Erfüllungszitaten« aus dem Jesajabuch als der erwartete Messias verkündet, sondern in der Terminologie ersttestamentlicher Prophetenberufung auch als Gottesknecht, wörtlich: als Sklave Gottes gezeichnet (Mt 12,15-21, vgl. Jes 42,1-4 oder Mt 8,17, vgl. Jes 53,4). Auch auf Maria wendet Lukas diesen Titel an. Sie ist ebenfalls ein Gottesknecht, wörtlich: eine »Sklavin Gottes« (das Wort *doule* in Lk 1,38 wird von uns oft mit »Magd« übersetzt, das diese Verbindung verdeckt). Nochmals interessant für unsere vorausgehenden Überlegungen über die Einbettung der Prophet/innen in das Volk ist, dass dieser Titel beim Propheten Jesaja sowohl für eine prophetische Einzelgestalt als auch für das ganze Volk Israel stehen kann.

Kirche als prophetisches Volk Gottes

Auch unter den Nachfolger/innen Jesu setzte sich das prophetische Element weiter fort (Mt 7,22; Apg 19,6). Einige frühchristliche Prophet/innen werden sogar näher bezeichnet, so die Propheten und Lehrer aus der Gemeinde von Antiochia: Barnabas, Simeon, Luzius, Manaen, Saulus, (Apg 13,1), die vier jungfräulichen Töchter des Philippus in Cäsarea (Apg 21,9), Judas und Silas (Apg 15,32), der Prophet Agabus (Apg 11,27-30; 21,10ff). In der Gemeinde von Korinth reden Frauen im Gottesdienst prophetisch

(1 Kor 11,5). Überhaupt kennt Paulus die prophetische Rede in dieser Gemeinde als hervorragende Begabung, die er weiter zu stärken sucht (1 Kor 14,1-5.29 vgl. 1 Kor 12,28). Viele Männer und Frauen werden so sichtbar, die die Gabe der prophetischen Rede hatten und diese offensichtlich in die Gemeinden einbrachten.

Lukas sieht mit dem Pfingstereignis sogar den Prozess eröffnet, dass alle zu Propheten und Prophetinnen werden. In Aufnahme eines Zitats des Propheten Joël lässt er Petrus in seiner Pfingstpredigt sagen: *»Jetzt geschieht was durch den Propheten Joël gesagt worden ist: In den letzten Tagen wird es geschehen, so spricht Gott: Ich werde von meinem Geist ausgießen über alles Fleisch. Eure Söhne und eure Töchter werden Propheten sein, eure jungen Männer werden Visionen haben, und eure Alten werden Träume haben. Auch über meine Knechte und Mägde werde ich von meinem Geist ausgießen in jenen Tagen und sie werden Propheten sein«* (Apg 2,16-18, vgl. Joël 3,1-5).

Man ist versucht, aus den verschiedenen Stellen im NT über die Prophetie zwei Konzepte gegeneinander auszuspielen: Die prophetische Gabe als das Charisma von Einzelgestalten versus einer Gabe für alle Gläubigen wie in Apg 2. Doch das ist eine Alternative, die das NT selbst noch nicht kennt, wie ich im folgenden am Beispiel der lukanischen Tradition und des ersten Korintherbriefs zeigen möchte.

Das Lukasevangelium zeichnet in den ersten beiden Kapiteln die schon genannten prophetischen Gestalten von Zacharias, Maria, Hanna, Elisabet bis hin zu Johannes und Jesus. Doch diese werden weniger als große Einzelfiguren gezeigt als als vorbildhaft Gerechte, die wie das ganze Volk und mit dem ganzen Volk auf die Befreiung und den Anbruch der Heilszeit warten. Lukas ist es auch, der in der Apostelgeschichte, dem zweiten Teil seines großen Doppelwerks, diese Linie weiterzieht: An Pfingsten in Jerusalem (Apg 2), sogar über Menschen aller Völker (Apg 10, 44-48) wird die Gabe des Geistes und der prophetischen Existenz ausgegossen: alle Söhne und

Töchter, alle Gottesknechte werden Prophet/innen sein (Apg 2,17f). In dem ersten Brief an die Gemeinde in Korinth spricht Paulus im 14. Kapitel ausführlich über die Prophetie und kennzeichnet sie folgendermaßen: *»Wer prophetisch redet, redet zu Menschen: Er baut auf, ermutigt und spendet Trost. Wer in Zungen redet, erbaut sich selbst, wer aber prophetisch redet, baut Gemeinde auf«* (1 Kor 14,3f). Die prophetische Rede ist für Paulus die höchste der geistgewirkten Gaben und dient dem Aufbau der Gemeinde. Sie ist darum mehr als alles andere anzustreben (1 Kor 14,1). Prophetische Rede und Existenz ist also nach Paulus nicht etwas, das man hat oder nicht hat, eine Gabe im Sinne einer Begabung, sondern sie ist etwas, nach dem man streben kann, um das man sich bemühen kann und soll (1 Kor 14,1f) zum Wohle und zum Aufbau der Gemeinde. Prophetische Rede hat ihren Platz in der Versammlung der Gemeinde. Paulus schlägt für den Korinthischen Gottesdienst vor, dass mehrere Propheten nacheinander sprechen können, alle könnten sogar nacheinander zu Wort kommen und prophetisch sprechen: *»Auch zwei oder drei Propheten sollen zu Wort kommen, die anderen sollen urteilen ...einer nach dem anderen könnt ihr alle prophetisch reden. So lernen alle etwas und alle werden ermutigt«* (1 Kor 14,31-33). Paulus beschreibt damit im 14. Kapitel Menschen, die in Korinth als Prophet/innen dem Aufbau der Gemeinde dienen. Er schließt aber die Möglichkeit ein, bzw. wünscht sie sich sogar, dass alle Prophet/innen werden, womit wir ganz nahe bei der Verwirklichung der Verheißung in Apg 2 sind .

Geistes Gegenwart

Die Verheißung des Propheten Joël, die Petrus in seiner Pfingstrede zitiert, war nach frühchristlicher Überzeugung mit der Herabkunft des Geistes in Erfüllung gegangen – und darum durfte diese Gabe in der Gemeinde nicht mehr erlöschen. Möglichst alle sollten nach der prophetischen Gabe und Existenz streben, die für Paulus noch kein Amt, sondern ein Charisma und Dienst am Leib Christi ist (1 Kor 12).

Das Auftreten der Prophet/innen wird im NT also als lebendiger Erweis angesehen, dass der Geist Gottes in der Gemeinde wirksam ist. Das prophetische Auftreten wird oft ausdrücklich als Wirken der Geistkraft Gottes beschrieben (1 Kor 12,10; 14,1-5; Lk 1-2). Die Jesusjünger/innen, die mit Maria in ihrer Mitte in Jerusalem das Pfingstfest begehen, alle miteinander Gottesknechte (Apg 2,16-18), sie werden durch die Geistkraft Gottes ermächtigt, das Evangelium von Jesus Christus zu verkünden und ihre eigenen Grenzen zu überschreiten (Apg 2,1ff; vgl. Lk 1,67, Lk 4,18).

Doch wie müssen wir uns vorstellen, dass im Gegensatz zum neutestamentlichen Zeugnis die Prophet/innen trotzdem in den folgenden Jahrhunderten mehr und mehr verschwanden? In den Kirchenordnungen des 4. Jh. n. Chr. sehen wir, dass Propheten kaum mehr auftauchen. Hier könnte uns die Didache, die Zwölfapostellehre, eine frühchristliche Schrift aus dem 1. Jh. den Weg aufzeigen, wie es zu dieser Entwicklung gekommen ist: *»Wählt euch nun Bischöfe und Diakone, würdig des Herrn... Sie leisten euch ebenfalls den Dienst von Propheten und Lehrern. Sie sind die ehrenvoll Ausgezeichneten unter euch samt den Propheten und Lehrern«* (15,1f). Vermutlich wurde also die prophetische Rede – die Rede, die verkündigt, aufbaut und ins Herz trifft – zur Aufgabe von Amtsinhabern, von Bischöfen, Diakonen und Presbytern/Priestern, wie sich überhaupt Ende des 1. Jh. der Wandel von der charismatischen Gemeindestruktur hin zur hierarchischen Kirchenordnung mit einer Ämterverfassung (vgl. die Pastoralbriefe) vollzieht.

Wenn Prophet/innen fehlen – Prophetie heute

»Wenn Propheten fehlen, wenn niemand weiß oder wissen will, was alle wissen können, dann sterben mit der nicht ausgesprochenen Wahrheit

Menschen. Wenn Propheten fehlen, ... dann ist nicht von einem Mangel an Wahrsagern und Zukunftsforschern die Rede. Mit solchen Statistikern der Ungenauigkeit werden die Propheten oft verwechselt. Propheten sagen die Wahrheit über die Gegenwart in der Gegenwart ... Sie verlangen Umkehr, damit eine menschliche Zukunft nicht durch Gewalt und Unrecht, durch Lügen und Feigheit verbaut wird, damit nicht durch gekaufte oder eingeschlafene Gewissen Menschen tödlich bedroht werden« (Martin Stöhr).

Als Maria, Jesus, Johannes, Judas, Silas und Agabus auftraten, drohten Menschen zu sterben: an Hunger, daraus resultierender Schwäche und Krankheit, aufgrund von Verfolgungen, Übergriffen der Römer. Aber von Gottes Geist erfüllt haben jene unerschrocken die Wahrheit gesprochen. Sie haben von Gottes Wirklichkeit ergriffen vom Einbruch dieser Macht in unsere Verhältnisse erzählt. Darum haben Mächtige immer versucht, die Prophet/innen zum Schweigen zu bringen. Johannes hat man zum Schweigen gebracht, Jesus auch, und sicherlich viele andere, die sich ungebeten einmischten, die den Mächtigen unbequem oder gar gefährlich wurden. Zu fragen, wo die Prophet/innen denn heute bleiben, oder darauf zu verweisen, dass wir heute gegenüber dem Neuen Testament in einer geistlosen Zeit leben, wäre sicherlich ungerecht. Der Strom der Prophet/innen ging und geht weiter, das Pfingstereignis geht weiter, aber auch die Bedrohung dieser Botschaft. Wir können auf große Gestalten verweisen wie Franz von Assisi, Martin Luther, Dietrich Bonhoeffer, Dom Helder Camara, Johannes XXIII., Dorothee Sölle. Aber vielleicht vergessen wir damit wie schon die frühe Christenheit, dass die Geistausgießung breiter angelegt ist? Dass wir alle Söhne und Töchter von Gott als Prophet/innen geträumt sind, als Gottesknechte, die sich leidenschaftlich und unbeugsam für ein Leben nach Gottes Willen schon hier und jetzt einsetzen?

Bibelarbeit

1. Auf den Bibeltext zugehen

1) An einer Wand hängen Zettel mit Namen:
Jesus, Johannes, Zacharias, Hanna, Maria, Silas.
Dazu sind prophetische Texte geordnet wie

- das Magnificat (Lk 1,46-55),
- die Antrittspredigt Jesu in Nazaret (Lk 4,18f),
- die Kennzeichnung Jesu als Prophet für das Volk (Mt 21,11; Joh 6,14; Lk 24,19),
- Zacharias als Prophet (Lk 1,67),
- das Benedictus (Lk 1,68-79) zu Johannes,
- die Schilderung Hannas als Prophetin im Tempel (Lk 2,36-38).
- Ferner sind Zitate zur Kirche als prophetisches Volk Gottes angebracht (Apg 2,1-18; 1 Kor 14,1-5.23-25; 1 Kor 13,24f; 1 Kor 11,5).

Die Teilnehmerinnen und Teilnehmer (TN) können zu Beginn der Bibelarbeit herum gehen, die Texte lesen und sich selbst einen ersten Eindruck verschaffen.

2) Dann tauschen sich die TN aus, wie sie sich Prophet/innen vorstellen und was ihnen an Prophet/innen wichtig ist. Wer will, kann dazu einen der Texte von der Wand nehmen und in die Mitte des Raumes auf ein Tuch legen.

3) Dann wird die Frage gestellt, welche Prophet/innen die TN aus dem NT kennen und welche der prophetischen Figuren, die sie an der Wand gefunden haben, sie als Prophet/innen angesehen hätten.

2. Dem Bibeltext begegnen

Zu den Texten, die gewählt wurden, bilden sich Kleingruppen. Sie besprechen ihren jeweiligen Text unter den folgenden Fragen:

- Was sehe ich im Text als prophetisch an?
- Was erfahren wir über das prophetische Element in frühchristlicher Zeit?

Die Ergebnisse aus dem Kleingruppen-Gespräch werden im Plenum zusammengetragen.

3. Mit dem Bibeltext weitergehen

Das Zitat von Martin Stöhr (S. 90f) wird verteilt und gelesen. Es wird dann als offene Frage für heute diskutiert.

Propheten sehen
das Wunder
im Alltäglichen
schauen
täglich ins All
bevor sie sich
schlafen legen
um den Blick
nach oben
zu üben
des Überblicks wegen

Ania Tomczyk

W. Abel

Helga Kaiser

Stadtideal und Stadtkritik

Prophetische Stimmen in die Gesellschaft

In einer Stadt ist es wie in einer Beziehung. Man kann ihre Häuser anschreien, jede Fassade hassen, mit ihren Straßen kämpfen, in ihre leeren Gesichter spucken, sie für das eigene Elend verantwortlich machen und ihre Morgendämmerung fürchten. Oder auf ihren sanften Wellen schwimmen, sich von ihr tragen lassen, das Strahlen in ihren Augen sehen, ihre stillen Plätze lieben oder das Murmeln der vollen Cafés, das schleifende Geräusch der Tramschienen oder sogar ihre frierenden Gesichter im Winter. Die Stadt gibt und sie nimmt, sie lockt, erfüllt, macht süchtig und sie lässt fallen. Die Stadt ist voller Seele. Barmherzig mit der Schwäche, erbarmungslos mit dem Versagen.

Dass Städte ambivalent sind, ist nichts neues: eine Erfahrung, die viele Menschen bestätigen, Literaten beschreiben und Soziologen untersuchen. In Städten liegt der Hauptgewinn nahe beim Verlust, berauschende Anonymität nahe bei der tötenden Einsamkeit, Tempo bei Lethargie, Nächstenliebe bei sozialer Verrohung, Mystik bei Gottlosigkeit. Stadtmenschen sind zu sozialen und kommunikativen Hochleistungen herausgefordert, erleben aber auch ihr kommunikatives Scheitern potenziert. New York, die Singlestadt überhaupt, befragte Singles, warum es so schwierig sei, eine Beziehung zu knüpfen: Du lernst ein Mädel kennen, sie sagt, sie arbeite in der Kneipe drüben, dann erfährst du, dass sie in einem SM-Studio jobbt. Hinter jedem stehen Perversitäten, die dir zu fremd sind. Stadt bedeutet die ständige Annäherung an Unbekanntes, ohne sich selbst zu verlieren.

Die Stadt ist ein fragiler Organismus aus Menschenseelen, Interaktionen und jeder Menge Besitztümer. Die Lebensordnung basiert auf Wertschätzung und Einhalten der Regeln. Wenn mir jemand mein Fahrrad stiehlt, dann fällt es schwer, mir nicht auch das nächstbeste zu nehmen. Wenn einer die Regel verletzt, wankt die von allen akzeptierte Wirklichkeit. Die Todfeinde der städtischen Lebensordnung sind Verachtung und Rechtlosigkeit. Auch bei den Propheten kommt die zwiespältige Seele der Stadt zum Vorschein. Einerseits stehen die Städte für die Kluft zwischen Armen und Reichen, den Luxus und die Rechtsbeugung der oberen und die Ausbeutung der unteren Klassen, andererseits findet sich die Vision vom »neuen Jerusalem«, der prächtigen, Gott nahen, gottgewollten Stadt.

Städte zur Zeit der Propheten

Archäologisch lässt sich Folgendes feststellen: In der Spätbronzezeit (13./12. Jh., ca. 200 Jahre bevor Israel Staat unter einem König wird) werden viele kanaanäische Städte verlassen, man spricht von »De-Urbanisation«. Nomadenstämme und Hapiru-Banden haben bis dahin mit den Städten Vieh gegen Getreide getauscht. Archäologen nehmen an, dass die Nomaden gezwungen wurden, sesshaft zu werden, um neben der Vieh- auch die Ackerwirtschaft zu betreiben. Das würde erklären, dass man ab dem 12./11. Jh. neue Siedlungen findet. Sie waren ringförmig angelegt – möglicherweise wie ein Nomadenlager. Langsam wachsen diese Ortschaften, die Häusertypen werden größer, auch alte kanaanäische Städte werden wieder aufgebaut (z. B. Megiddo). Man wird offensichtlich wohlhabender. Bevölkerungsgruppen mit städtischem und dörflichem Hintergrund vermischen sich und bilden das Volk Israel.

Zwei Motoren treiben die Stadtentwicklung voran: Handel und Militär. Städte an den Haupthandelswegen zwischen Syrien, Ägypten und dem Mittelmeer wachsen: z. B. Hazor und Gezer. In Jerusalem erweitert sich die alte Davidstadt auf dem Ofelsporn im 8. Jh. um das mehrfache ihrer Größe und wird mit einer kräftigen Mauer umgeben, 6-7 m stark. Viele Städte gibt es, einige Namen sind uns kaum geläufig: Kedesch, Gerar, Ramot-Gilead, Rama, Mizpa, Jokneam, Marescha, Ai, Geba, Sichem, Gilo, Penuel, Tirza, Kinneret, Arad, Beerscheba, Lachisch, Samaria, Bet-El, ...

Der andere Motor ist die militärische Bedeutung der Städte. Palästina lag immer zwischen den Weltmächten Mesopotamien und Ägypten. Schoschenk von Ägypten steht beispielsweise im Jahre 922 vor Megiddo. Solche Schocks treiben die Befestigung der Städte an. Bei manchen werden zuerst die Außenmauern der Häuser verstärkt, dann Stadtmauern mit Türmen gebaut, die das Stadtgebiet erweitern (so für Mizpa feststellbar, vgl. 1 Kön 15,22). Der König muss Macht und Stärke besonders an den Grenzen markieren. 2 Chr 11,5-12 gibt ein System von Festungsstädten unter Rehabeam an. Der assyrische König Tiglat Pileser nimmt die Städte Ijon, Abel Bet Maacha, Janoach, Kedesch und Hazor ein (2 Kön 15,29). Sanheribs Einnahme des judäischen Lachisch (2 Kön 18,13ff) ist uns als Bildergeschichte aus dem Palast von Ninive erhalten.

Stadt bedeutet beides: Schutz und Macht (das hebräische Wort für Stadt ir hängt zusammen mit dem Verb für »schützen«), denn nur wer Herrschaft ausübt, kann schützen. Mit dem Besitz der Städte, besonders der Hauptstadt, steht und fällt die staatliche Existenz des Volkes. Und wenn Jerusalem den Tempel, Zeichen der Erwählung des Volkes, beheimatet, dann steht dort auch die Erwählung auf dem Spiel. Ein Netzwerk von unabhängigen Dörfern, Städten mit ihrem Umland und Königsland entsteht, von Landbesitzern, Pächtern, Stadtbauern, ihren Abgaben und Nahrungsmittellieferungen, Beamten, Handwerkergruppen und Priestern. In Tirza, Sichem und Jerusalem konnten Archäologen Slum-Viertel nachweisen. Es gibt also »Modernisierungsgewinner und -verlierer« (Ernst Axel Knauf).

Das Netzwerk basiert auf Gerechtigkeit und Einhalten der Regeln. Und es ist leicht aus der Balance zu bringen. Ähnlich wie heute.

Die Propheten und die Stadt

So etwa können wir uns die Lebenssituation in den Städten vorstellen, als die Propheten ihre Botschaft von Jahwe verkünden. Das Bild der Stadt nutzen manche als Vehikel für ihr Anliegen und zwar in drei Schritten: 1. Kritik an der Stadt und ihre Schuld, 2. Gericht, Zerstörung, 3. durch diese Katharsis hindurch Neuaufbau des neuen Jerusalem, der Friedensstadt Gottes. Einige Schlaglichter dieser Schritte:

1. Die Kritik: *Amos*, der Samaria im 8. Jh. v. Chr. im Visier hat, prangert an, dass das Recht in *»bittere Wermut«* und *»Gift«* (Am 5,7; 6,12) verwandelt wird. Von Hilflosen wird Pachtgeld angenommen, Getreide mit Steuern belegt und die Pracht damit bezahlt. Unschuldige geraten in Not, Arme werden bei Gericht abgewiesen und die Richter sind bestechlich (Am 5,10-12). Die Opfer für Gott sind reine Verschleierung – *»ich hasse eure Feste ... und kann eure Feiern nicht riechen«* (5,21; 4,4-5). Die Baschankühe – die edlen Frauen von Samaria – *»zermalmen die Armen und zu ihren Männern sagen sie: schafft Wein herbei, wir wollen trinken«* (Am 4,1). Das Fußvolk finanziert den Luxus. Sorglos und selbstsicher (6,1ff) faulenzen die Reichen auf ihren Betten aus Elfenbein. Zum Essen holen sie sich Lämmer aus der Herde, Mastkälber aus dem Stall, grölen zum Klang der Harfe, weil sie sich einbilden, virtuos wie David zu sein, trinken den Wein aus großen Humpen, salben sich mit feinstem Öl und *»sorgen sich nicht um den Untergang Josefs«* (6,6). Die Tributleistungen an die Assyrer (Naturalien und Getreide) wurden nicht von der Oberschicht getragen, sondern auf die Kleinbauern abgewälzt.

Micha beschreibt vor dem Untergang Samarias 722 die Bestechlichkeit, Gier und Habsucht der Reichen, die nachts Böses ersinnen und es am Tag ausführen *»denn sie haben die Macht dazu«* (2,1). Felder und Häuser reißen sie mit Gewalt an sich. *»Friedlichen Menschen reißt ihr den Mantel herunter, arglose Wanderern nehmt ihr gefangen, als wäre Krieg ... Wegen einer Kleinigkeit pflegt ihr zu pfänden, diese Pfändung ist grausam«* (Mi 2,8.10). Die Richter, führt Micha aus, *»fressen mein Volk auf, sie ziehen den Leuten die Haut ab und zerbrechen ihnen die Knochen, sie zerlegen sie wie Fleisch für den Kochtopf, wie Braten für die Pfanne«* (3,3).

Bei Ezechiel, der nach der ersten Belagerung Jerusalems 597 schreibt, trägt die Stadt eine Blutschuld mit sich. *«Das Land ist voller Blutschuld, die Stadt ist voll Unrecht«* (9,9). Blut gilt im Alten Testament als Kern der Lebenskraft und ist dem Menschen nicht verfügbar, es gehört zur göttlichen Sphäre. In dieser blutschuldigen Stadt ist Gott also mit Füßen getreten. Und sie ist unrein durch die Götzen, die sie gemacht hat (22,4; Kap. 22).

Über Jerusalem heißt es bei Jesaja, dass die Bewohner Häuser abgerissen und die Mauern damit befestigt haben, aber *»ihr habt nicht auf den geblickt, der alles bewirkt«* (22,9-11). Gott befahl Trauer und Demut, doch was sieht man: *»Freude und Frohsinn, Rindertöten und Schafeschlachten, Fleischessen und Weintrinken und ihr sagt: Lasst uns essen und trinken, denn morgen sind wir tot. Diese Schuld wir euch bis zu eurem Tod nicht vergeben, spricht Gott der Herr der Heere«* (22,13-14).

Bemerkenswert ist, welchen Raum die Rechtsbeugung in der prophetischen Botschaft einnimmt. Sich nicht auf sein Recht und seine Fürsprecher verlassen zu können, hat für das System Stadt eine verheerende Auswirkung. Wer nicht seinem Volksvertreter oder der zivilen Einrichtung der Rechtsprechung im Tor vertrauen kann, der muss auch dem Nachbarn misstrauen. Denn es gibt keine Instanz, die im Streitfall Recht spricht.

2. Das Gericht: Im zweiten Schritt trifft die Stadt das Gericht, die Zertrümmerung aller Errungenschaften, aller Sicherheit und aller Herrschaft. Am »Tag des Herrn«, so benennt als erster Amos den Gerichtstag, zerschlage ich *»den Winterpalast und den Sommerpalast, die Elfenbeinhäuser werden verschwinden und mit den vielen Häusern ist es zuende«* (Am 3,15).

Micha zeichnet folgende Bilder: »*Darum mache ich Samaria zu einem Trümmerfeld, zu einem Acker auf dem man Reben pflanzt, ich stürze seine Steine zu Tal und lege seine Grundmauern bloß*« (1,6). »*... dann könnt ihr den Hals nicht mehr aus der Schlinge ziehen und ihr werdet den Kopf nicht mehr so hoch tragen. An jenem Tag singt man ein Spottlied auf euch.*« (2,3f) All ihren Besitz werden die Reichen verlieren. Festungen werden eingerissen und schutzlos werden. »*Was du beiseite schaffst, rettest du nicht*« (6,14). Die Bewohner Jerusalems werden zum Gespött, die Völker werden sie verhöhnen (6,16).

Ezechiel hat eine Reihe drastischer Bilder parat – dass die Bewohner allesamt erschlagen werden (9,6) ist noch harmlos gegen den Tod im Schmelzofen, in den alle gehören (22,17ff). In Kap. 9 werden die wenigen Gerechten (es gibt sie!) mit einem »T« auf der Stirn gezeichnet. Jahwes Herrlichkeit zieht aus dem Tempel aus. Diese Stadt hat verloren.

Die gewalttätige und verlogene Gesellschaft scheint eine Art Katharsis zu brauchen, einen Schlag vor den Kopf. »*Deine Schlacken will ich mit Lauge ausschmelzen, all dein Blei schmelze ich aus.*« Bei Jesaja (1,25) findet sich dieses reinigende Bild. Jesaja beschreibt – neben anderen Propheten – oft das Bild der Ruinenstadt, der verödeten Wüste, der Disteln und Dornen auf den Äckern, verwelkt und verdorrt. Er verwendet diese Bilder für Babel, Ninive, Sodom und andere Städte (6,11; 13,19-22; u.ö.).

Das Ruinenmotiv findet sich auch in der jüngeren »Jesaja-Apokalypse« (24-27), in der Weltgericht und Neuanfang besungen werden. Da die Bewohner sich schuldig gemacht haben, die Gesetze Gottes übertreten zu haben, werden Wein und Rebe verwelken; die einst heiter waren, werden seufzen und stöhnen, der fröhliche Klang der Trommeln wird verstummen, der heitere Lärm der Übermütigen. »*Man trinkt keinen Wein mehr bei frohem Gesang, das Bier der Zecher ist bitter geworden. Die öde Stadt liegt in Trümmern, alle Häuser sind für den Zutritt verschlossen. Auf den Gassen jammern die Leute, von der Stadt blieben nur noch Ruinen, auch das Tor wurde zertrümmert*« (24,11-12).

Das klingt nach Rache an den Reichen und Genugtuungshunger. Hier machen sich Gedemütigte Luft. Die Zulieferer der Reichen, das Fußvolk, müssen eine enorme Arroganz und Geringschätzung empfunden haben. Spott und Hohnlieder verweisen auf Verletzung und Kränkung. Als ob die Reichen die Schutz- und Rechtlosigkeit, die Existenzangst, die Besitzlosigkeit und die bange Frage, ob Jahwe sie verlassen hat, endlich auch einmal erfahren sollen. Sie sollen einfach alles verlieren und nackt dastehen.

3. Die neue Stadt: Nachdem alle nackt und gleich vor Gott stehen, ist ein Neuanfang möglich. Das Gericht ist die Wende. Gott verhilft zum Recht, wo die Verantwortlichen versagt haben. Nun begegnen Bilder, die eine Stadt zeigen, die wieder Gott zur Grundlage nimmt, die lebenswert für alle ist, in der Gerechtigkeit und Schalom im umfassenden Sinne des Friedens zwischen Gott und seiner Schöpfung herrschen.

Trotz seiner heftigen Kritik hat *Micha* ein Visionsbild von der Heilsstadt auf dem Berge, zu der die Völker in Frieden ziehen (4,1-5, vgl. Jes 2,2-4). Bei *Deuterojesaja* legt Gott Jerusalem *»ein Fundament aus Malachit, Grundmauern aus Saphir, aus Rubinen mache ich deine Zinnen. Aus Beryl deine Tore, und alle deine Mauern aus kostbaren Steinen«* (54,12). Es ist auf Gerechtigkeit gegründet, alle leben in Frieden. Das Gericht ist vorbei. Gegen Waffen ist diese Stadt gefeit – so dass auch der alte Schutzcharakter wieder hergestellt ist: Schutz nach innen vor den eigenen Herren und nach außen vor Feinden (54,11-17).

Tritojesaja beschreibt die Endzeit in der Spätphase des Exils:*«Freut euch mit Jerusalem! Jubelt in der Stadt alle, die ihr sie liebt. Seid fröhlich mit ihr, alle die ihr über sie traurig wart. Saugt euch satt an ihrer tröstenden Brust, trinkt und labt euch an ihrem mütterlichen Reichtum«* (Jes 66,10f, vgl. 13f). Hier klingt das Metropolis/Mutterstadt-Motiv an, das schon in 2 Sam 20,19 auftaucht. Das ist die Aufgabe einer Stadt im besten Sinne: zu nähren, so dass die Bewohner Leben saugen können. In 62,1 heißt es über die verherrlichte Stadt Gottes, dass das *»Recht aufstrahlt wie ein helles Licht und Heil aufleuchtet wie eine brennen-*

de Fackel, Jerusalem wird 'meine Wonne' heißen«. Nach Krieg und Zerstörung wird Jerusalem zum Ort des ewigen Lebens, in Jerusalem beseitigt Gott den Tod für immer und wischt die Tränen ab (Jes 25,6-8). *»Wir haben eine befestigte Stadt, zu unserem Schutz baute der Herr Mauern und Wälle, öffnet die Tore, damit ein gerechtes Volk durch sie einzieht, ein Volk, das dem Herrn die Treue bewahrt«* (26,1-69). Ruhe und Frieden werden überall herrschen, wo sich alle auf den Herrn verlassen. Das neue Jerusalem nach dem kathartischen Moment gewinnt hier in der Jesaja-Apokalypse eine mythische, symbolische, paradigmatische Bedeutung.

Was bleibt für uns?

Die Vision. In einer Zeit, in der Reformen nötig sind, beschreiben die Propheten eine Lebensform, die Zukunft haben kann. Die Sehnsucht nach Frieden und Ruhe in Jahwe kann uns erfrischen. Städte haben das Potenzial, von Gott gesegnete Orte voller Lebensfülle zu sein.

Der Dreischritt. Unserer Sehnsucht nach der nährenden, schützenden Stadt für alle wird immer ein radikales Erkennen und Umdenken vorausgehen müssen. Kritik, Umdenken und Neuanfang sollte täglicher Lebensstil werden, der Besitz und Ungerechtigkeit loslässt und mahnt, das Gottgefällige zu sehen und zu tun (!), gerade in den Städten.

Trauer und Demut. Bei Amos (5,1ff) findet sich eine Totenklage über Israel: Ihr lebt so nicht mehr, seid schon tot, so kann Leben nicht funktionieren. Gott ist aus dem sozialen Alltag in Samaria ausgegrenzt. Über die Zustände trauern zu können (Am 3,16ff, Mi 1,16) und die Enttäuschung über das Versagen nicht zu verdrängen, kann die Schizophrenien einer Stadt aufdecken. Und es braucht Demut, den eigenen Anteil zu sehen.

Schutz. Wer die Sicherheit in dicken Mauern sucht, vergisst die einzige Sicherheit in Jahwe, so die Propheten. Befestigungsanlagen nach außen sind heute nicht mehr üblich, aber welche Sicherheiten suchen wir in der Stadt? Wohnung? Job? Freundschaften? Partnerschaft? Familie? Besitz? Alles ist jederzeit verlierbar. Wer gibt den in der Stadt Gestrandeten Schutz?

Recht. Die Sehnsucht der Propheten nach Gerechtigkeit Gottes bleibt jung, sie ist uneingeholt in jedem Straßenzug. Ihre Beschreibung des Gerichts ist ein Schrei nach Gerechtigkeit, nach Vergeltung der Demütigungen. Ohne Recht wird die Stadt zum barbarischen Kampfplatz, auf dem nur der/die Stärkste überlebt.

Eine Stimme verleihen. In Städten werden viele Tritte sozialer Kränkung ausgeteilt. Die Propheten sprechen die Stimmen der Parias in den großen Städten der dritten Welt, aber auch in unseren europäischen Städten. Ihre Stimmen bis ins Herz zu hören, ist der Anspruch an uns.

Lebensfreude. Schwierig ist die Kritik an den Feiern, den Trommeln, dem Sexualverhalten (vgl. Ez 22) und dem Fließen des Weins. Städte wären ohne das exzessive Element arm. Hier gilt es zu sehen, dass die meisten Propheten in einer Tradition dörflicher Ideale stehen und dass Elemente der kanaanäischen Stadttradition ihr Anstandsgefühl verletzten – wo sich die Stadtbewohner keiner Schuld bewusst sind. Wer moralisierend ohne den historischen Hintergrund jede Aussage übernimmt, kommt schnell zur Plattitüde der Städte als »entseelte, gottlose Sündenbabel«. Die Archäologie lehrt uns aber, dass die israelitisch-judäischen Städte offen waren, kanaanäische Stadtkultur mit Nomadenidealen zu verbinden. Es gab eine Offenheit für neue Lebensformen und einen Mut zur Vielfalt, die die Bibel kaum mehr spiegelt, die für Städter heute aber täglicher Auftrag ist.

Mutterstadt. Zuletzt bleibt die übergroße Freude an den Momenten, in denen die Stadt als Lebensraum ihre EinwohnerInnen als Gottes Mutterstadt nährt, in denen jene den Briefträger und die Brezelverkäuferin umarmen möchten und etwas von der großen Friedensstadt in einer dichten Menschenansammlung schon hier spürbar wird.

Bibelarbeit

1. Auf den Bibeltext zugehen →•

A: Aufnahmen mit Stadtsituationen in die Mitte legen und ins Gespräch kommen zur Frage: Was spricht mich an? Was erinnert mich am stärksten an eine Erfahrung, die ich mit Stadt verbinde?

B: Literarischen Text einer Stadterfahrung austeilen und vorlesen: Entspricht das meiner Erfahrung? Oder ist sie dem entgegen gesetzt?

2. Dem Bibeltext begegnen →←

A: Bibelstellen zu Kritik, Gericht und Vision der Stadt zusammenstellen und die Teilnehmenden (TN) bitten, die Stadterfahrung der Propheten zu sammeln (evtl. auf einen Propheten beschränken: Micha, Am 3-6, Ez 9-11.22).

B: Anhand einiger Stellen aus dem Kapitel »3. Die neue Stadt« die Vision der Propheten einer funktionierenden Friedensstadt erarbeiten.

3. Mit dem Bibeltext weitergehen •→

A: Wenn wir heute Propheten wären, wie sähe die Botschaft an unsere Stadt aus? Wie die Vision einer gerechten Stadt? Welchen Ort hätte Gott? Die TN bitten, eine Botschaft zu verfassen/vorzutragen, (Phantasie-)Aktionen zu entwerfen, mit denen sie ihr Ideal verdeutlichen.

B: Einen Brief an die eigene Stadt schreiben (Liebes- oder Abrechnungsbrief?). Ein Gespräch kann sich anschließen: Woran würden die TN merken, dass sich ihr Ideal sich einstellt? Wo ist das Ideal der Friedensstadt Gottes schon zu spüren, wo nicht?

Israel
Jahwe
ein neuer Tanz
ein Spiel
von Nähe und Distanz?

Ein Schritt nach vorn
ein Schritt zur Seite
ein Sprung
ein Sturz
um Haaresbreite

Der Takt
der fehlt
der wiederkehrt
klingt es nun richtig
klingt es verkehrt?

Ein auf und ab
hin und zurück
ein Liebestanz
zur Machtmusik?

Ania Tomczyk

W. Abel

Barbara D. Leicht

»Dein Schöpfer ist dein Gemahl«

Prophetische Bilder von der Frau Israel und ihrem Ehemann Jahwe

Es klingt wie die Geschichte von gelebter Barmherzigkeit: Da nimmt sich ein Mann eines kurz nach der Geburt verlassenen und ausgesetzten Säuglings an, kümmert sich um das kleine Mädchen und sorgt dafür, dass es in Geborgenheit aufwachsen kann. Oder ist es doch die Geschichte von sexuellem Missbrauch? Denn kaum ist dieses Mädchen zur Frau herangewachsen, nimmt er sie zu seiner Frau – und als die junge Frau sich anderen Liebhabern zuwendet, lässt genau dieser Mann, der ihr das Leben gerettet hat, sie nicht nur fallen, sondern setzt sie der Vergewaltigung durch andere Männer aus. Das ist hart genug. Erschreckender Weise muss die Erzählung dann auch noch so weiter gehen: Und dieser Mann ist Gott! So jedenfalls erzählt es der Prophet Ezechiel (Ez 16 und 23). In den prophetischen Büchern des Alten Testaments gibt es eine ganze Reihe von Textstellen, in denen die Beziehung zwischen Jahwe und seinem Volk Israel bzw. und der Stadt Jerusalem im Bild einer Ehe bzw. dem Bild von Bräutigam und Braut geschildert wird. Und die Bilder sind höchst widersprüchlich.

Bilder voll Poesie und Zärtlichkeit

Es gibt wunderbare Bilder: Da spricht der unbekannte Prophet, meist Deutero-Jesaja genannt, mitten im Exil, mitten in der Demütigung Israels davon, dass Gott nicht nur der Schöpfer Israels ist, sondern auch der Ehemann des Volkes: *»Dein Schöpfer ist dein Gemahl«* (Jes 54,5). Und der Prophet

Hosea lässt Jahwe selbst zu seiner Frau, dem Volk Israel, sagen: *»Darum will ich selbst sie verlocken. Ich will sie in die Wüste hinausführen und sie umwerben ... Sie wird mir dorthin bereitwillig folgen, wie in den Tagen ihrer Jugend, wie damals, als sie aus Ägypten heraufzog. An jenem Tag – Spruch des Herrn – wirst du zu mir sagen:* Mein Mann!« (Hos 2, 16-18). Und Gott gibt das Eheversprechen: *»Ich traue dich mir an auf ewig; ich traue dich mir an um den Brautpreis von Gerechtigkeit und Recht, von Liebe und Erbarmen, ich traue dich mir an um den Brautpreis meiner Treue«* (Hos 2,21f). Noch intimer werden die Worte Jahwes zu seiner Stadt Jerusalem bei Ezechiel: *»Und siehe, deine Zeit war da, die Zeit der Liebe. So breitete ich meinen Gewandzipfel über dich und bedeckte deine Scham, und ich schwor dir zu und schloss einen Bund mit dir, Spruch Jahwes, und du wurdest mein«* (Ez 16,8). Das Bedecken mit dem Gewandzipfel bedeutet, dass ein Mann eine Frau unter seinen Schutz stellt und sie zur Frau nehmen will.

Propheten wollen ihre Hörer/innen aufwecken, aufhorchen lassen. Sie wollen Gott neu zu Wort bringen. Daher wagen sie es, in völlig neuen Bildern von ihm zu sprechen, die Beziehung zwischen Jahwe und den Menschen in nie vorher gehörten Worten auszudrücken und so Aufmerksamkeit zu wecken. Bilder von Gott als Herrn oder auch als Vater Israels waren den Menschen Israels vertraut. Das Bild vom »Ehemann Jahwe« drückt eine neue Form der Beziehung zwischen Gott und seinem Volk aus. Hier kommt eine intensive, ja intime Nähe zum Ausdruck, die vorher so nicht in Worte gefasst worden war. Gott wird als Ehemann seines Volkes Israel dargestellt und das Volk selbst bzw. die Stadt Jerusalem werden als Frau personifiziert.

Die Darstellung bzw. Personifizierung von Städten als Frau ist aus Parallelen in der westsemitischen Tradition von Stadtgöttinnen bzw. der Göttin als Gemahlin des Schutzgottes der Stadt bekannt. Und kleinasiatische Münzen zeigen Abbildungen eines Frauenkopfes mit einer Krone aus Mauern und Türmen, wobei die Umschriften den Namen der Stadt nennen. Dazu gehörte die Vorstellung, dass die Stadt – wie eine Mutter ihre Kinder

– die Bewohner/innen im Schoß ihrer Mauern schützt und nährt. Wenn die Propheten Israels diese Sprachbilder von der Stadt Jerusalem bzw. dem ganzen Volk als Frau verwenden, dann erheben sie keineswegs die Stadt oder das Volk in den Rang einer Göttin. Sie weisen mit diesen Bildern auf die Nähe Jahwes zu seinem Volk hin. Der Satz aus dem Buch Jesaja macht das Paradoxe, ja das Gewagte dieser prophetischen Ansagen sichtbar: *»Dein Schöpfer ist dein Gemahl.«* Jahwe bewirkt das Unmögliche: Er ist nicht nur der Schöpfer der Menschen, sondern zugleich der Geliebte und Ehemann, derjenige, der in tiefster Intensität seine Menschen, sein Volk »kennt«.

So findet sich teils auch eine erotische Sprache in diesen Bildern der Gottesbeziehung: Im Lied vom Weinberg (Jes 5) besingt ein Freund das Verhältnis zwischen Jahwe und Israel. Für die damaligen Zuhörer/innen waren die Anspielungen deutlich: Der »Weinberg« galt im ganzen Alten Orient als ein Symbol für die Frau bzw. ihre Sexualität (vgl. Hld 8,11).

Bilder von Untreue und Enttäuschung

Um so erschreckender, dass gerade diese Bilder der Nähe und Intimität keine romantischen Bilder sind. Die Vergleiche mit der Ehe oder Brautzeit zwischen Jahwe und Israel wurden von den Propheten eingeführt, um das Versagen und die Schuld des Volkes Gott gegenüber in drastischer Weise darzustellen. Beim Propheten Hosea wird erstmals das Gottesverhältnis Israels im Bild einer Liebesbeziehung beschrieben. Allerdings ist hier weniger von gegenseitiger Liebe die Rede, sondern von Untreue, Ehebruch und Prostitution der »Ehefrau Israel«.

Den Kindern der »Frau Israel« ruft der Prophet im Namen Jahwes zu: *»Verklagt eure Mutter, verklagt sie! Denn sie ist nicht meine Frau, und ich bin nicht ihr Mann. Sie soll von ihrem Gesicht das Dirnenzeichen entfernen und von ihren Brüsten die Male des Ehebruchs. Sonst ziehe ich sie nackt aus und stelle sie hin wie am*

Tag ihrer Geburt; ... Sie sagte: Ich will meinen Liebhabern folgen; sie geben mir Brot und Wasser, Wolle und Leinen, Öl und Getränke« (Hos 2,4-5a.7b).

Diese Sprachbilder von der Frau Israel bzw. Jerusalem, die ihre Ehe mit Jahwe bricht, wird im Anschluss an Hosea von weiteren Propheten aufgenommen, zunächst von Nahum (Nah 3,4-7), dann von Jeremia (Jer 2-5) und Ezechiel (Ez 16.23). Sie suchen nach einer Ursache, warum es zur Katastrophe des Exils kommen wird, die sich abzeichnet. Und sie finden eine Antwort: Israel ist Jahwe gegenüber schuldig geworden wie eine Ehefrau an ihrem Mann.

Gleichzeitig wird der Ehebruch Israels häufig mit Prostitution gleichgesetzt. Schon Hosea hatte von mehreren Liebhabern Israels gesprochen, denen die Frau sogar nachläuft. Mit dem Bild der Hurerei/Untreue gegenüber Jahwe bezeichnen die Propheten einerseits die Verehrung fremder Götter und Göttinnen durch die Israelit/innen (Hosea), anderseits politisches »Fremdgehen« (Ezechiel), d.h. das Eingehen von politischen Allianzen durch den Staat Juda, die nicht dem Willen Jahwes entsprechen. Aus Liebe sieht der zunächst langmütige Ehemann Jahwe der Untreue seiner Frau Israel eine ganze Weile zu, ehe er einschreitet. Schließlich stellt er ihr eine Scheidungsurkunde aus (Jer 3,8) oder er verlässt sie (Jes 54,6f).

Bilder von Gewalt – und von Wiederheirat

Doch es gibt auch andere Reaktionen des betrogenen Ehemannes. Die Propheten beschreiben, dass Jahwe seine untreue Ehefrau bestraft. Oft ist dabei ausgerechnet das Bild der Ehe mit Gewalt, mit sexueller Gewalt verbunden. Und es ist Jahwe, von dem diese Gewalt ausgeht. Er droht der untreuen Frau Jerusalem an, sie in ihrer Sexualität zutiefst öffentlich zu verletzen und zu demütigen: *»Um der Menge deiner Sünden willen werden dir die Säume aufgehoben, wirst du vergewaltigt«* (Jer 13,22b). Ja, Gott selbst wird zum

Vollstrecker der sexuellen Gewalt: *»Auch ich decke deine Säume über dein Gesicht, damit man deine Scham sieht, deinen Ehebruch und dein Wiehern, die Schandtat deiner Hurerei«* (Jer 13,26f). Feministische Theologinnen haben öbszöne Bilder, wie in Ez 16 und 23, auch als pornographisch bezeichnet.

An keiner Stelle jedoch wird die vom Gesetz vorgesehene Todesstrafe an der Ehebrecherin vollzogen. Häufig werden die drastischen Strafen wie eine »Erziehungsmaßnahme« verstanden, die dazu führen, dass Jahwe seine untreue Ehefrau, an der er trotz allem hängt, wieder als seine Frau annimmt. Und es ist der betrogene Ehemann Jahwe, der seiner Frau verspricht: *»Ich traue dich mir an auf ewig; ich traue dich mir an um den Brautpreis von Gerechtigkeit und Recht, von Liebe und Erbarmen, ich traue dich mir an um den Brautpreis meiner Treue«* (Hos 2,21f).

Auf dieser Ebene kann sich die Ehemetapher seit dem Exil nochmals verändern. Der Prophet Jesaja greift sie auf und beschreibt jetzt nicht mehr die Schuld Israels in diesem Bild, sondern schildert die erwartete Heilszeit nach dem Exil in der Symbolik der Braut Jerusalem und des Bräutigams Jahwe: *»Nicht länger nennt man dich 'Die Verlassene' und dein Land nicht mehr 'Das Ödland', sondern man nennt dich 'Meine Wonne' und dein Land 'Die Vermählte'. Denn der Herr hat an dir seine Freude, und dein Land wird mit ihm vermählt. Wie der junge Mann sich mit der Jungfrau vermählt, so vermählt sich mit dir dein Erbauer. Wie der Bräutigam sich freut über die Braut, so freut sich dein Gott über dich«* (Jes 62,4-5).

Bilder für heute?

Für heutige Leser und Leserinnen sind diese prophetischen Bilder nicht unmittelbar verständlich, sondern eher schwierig. Zunächst hat sich die Sicht der Ehe gewandelt. Eine Ehe im Alten Orient war keine Liebesheirat zweier gleichberechtigter Partner. Eine Ehe beinhaltete immer ein Machtgefälle. Mag die Frau, gerade auf größeren Höfen, auch Eigenständigkeit und Befehlsgewalt innerhalb des Hauswesens gehabt haben, der bestimmende Partner im Zusammenleben von Mann und Frau war der Mann. Und während die Frau ihre eigene Ehe brach, konnte der Mann nur in die Ehe eines anderen Mannes (ein-)brechen.

Wie das Bild vom Vater Gott oder vom Herrn, drückt auch das Bild der Ehe einerseits ein Ungleichgewicht zwischen den Beteiligten aus, anderseits die Fürsorgepflicht des Vaters, Herrn oder Ehemannes. Seine dominante Position beinhaltet eine Verpflichtung gegenüber den Schwächeren. So findet sich auch in den Ehemetaphern häufig eine juristische Sprache. Die Tatsache, dass in diesen Metaphern trotz der offensichtlichen Untreue der Frau Israels schließlich die »Partner« doch wieder zusammenkommen, die also vom Gesetz vorgeschriebene Todesstrafe für ertappte Ehebrecher/innen nicht vollzogen wird, wird zur Zeit der Propheten die tiefe Liebe Gottes besonders deutlich gemacht haben. Gedanklich mag diese Argumentation heute nachzuvollziehen sein. Metaphern aber, vor allem so gefühlsgeladene wie die der Ehe und der Brautzeit, wirken eher emotional. Eine sachliche Erklärung greift nicht. So bleiben diese prophetischen Texte heute schwierig. Viele Fragen stellen sich:

Bestärkt dies nicht das Bild vom männlichen Gott? Können sich Männer überhaupt im Bild der Frau Israel wiederfinden – oder stellen sie sich nicht auf die Seite des »männlichen Gottes«? Und nicht nur für Frauen ist die Rede von einem Gott, der sexuelle Gewalt ausübt, der Menschen auf dem Weg der sexuellen Demütigung zu sich zurückführen will, unvorstellbar. Besonders Theologinnen fragen nicht nur das Gottesbild, sondern auch das damit verbundene Frauenbild an: Muss eine Frau brav ihrem Ehemann gehorsam sein? Und hat er bei »Ungehorsam« das Recht zu strafen – verbunden auch mit sexueller Gewalt? Ist eine brave Frau, eine brave Christin vor allem gehorsam, lieb und nett?

Einige Ansätze können Anregungen für den Umgang mit diesen prophetischen Texten geben. Sie wollen jedoch nicht verdecken, dass ihre Bildsprache heute ausgesprochen problematisch geworden ist:

- Die Metaphern sprechen von einem liebenden Gott, der nicht unpersönlich, »über den Wolken« thront, sondern mir konkret nahe kommt, wie ein Geliebter, eine Geliebte.
- Gott ist kein »lammfrommer« Ehemann, kein harmloser »lieber Gott«. Die Beziehung zu ihm ist ernsthaft. Sie wird verbindlich gelebt, wie eine Partnerschaft.
- Letztlich ist Gott nicht »loszuwerden«, seine Liebe verführt ihn geradezu, immer wieder auf die Menschen zuzugehen.
- Die Bilder des betrogenen »Ehemannes Gott« zeigen, auch in seiner zornigen Reaktion auf die Untreue, einen zutiefst verletzlichen Gott. Er ist durch Haltung und Handlungen seiner Menschen zu verletzen. Er gibt sich so tief in diese Beziehung, dass unser Handeln ihn auch trifft. Er thront nicht ungerührt über allem. Vielleicht ist er manchmal verletzlicher in der Beziehung zu uns als wir?

Bibelarbeit

1. Auf den Bibeltext zugehen

Je 2-3 Teilnehmer/innen (TN) finden sich zusammen und kommen ins Gespräch, was für sie »Ehe« ist. Sie stellen dann in einem Standbild ihre Vorstellungen von »Ehe« der Gruppe vor.
Alternativ: Die TN sammeln auf einem großen Plakat, was ihnen zum Thema »Ehe« einfällt. Je nach Gruppe bietet sich auch zunächst eine Einzelbesinnung an.

2. Dem Bibeltext begegnen

Im Raum liegen Karten mit den positiven prophetischen Texten zur Gottesbeziehung im Bild einer Ehe oder Brautzeit aus (Jes 54,5; Hos 2,16-18; Hos 2,21-22; Ez 16,8; Jes 62,4-5). Die TN wählen sich eine Karte, und überlegen:

- Kann ich mir Gott im Bild eines Bräutigams, Ehemannes vorstellen? Ist dieses Bild positiv oder negativ?

Ein Gruppengespräch schließt sich an.
In der Gruppe wird dann eingeführt in die Ehemetapher. Danach wird gemeinsam ein Straftext gelesen, z.B. Jer 13,20-27. Auch darüber kommt die Gruppe ins Gespräch. Dabei muss die Leitung bedenken, dass die Beschäftigung mit Texten zur Gewalt besonders bei Menschen, die selbst in irgendeiner Form Gewalt erlitten haben, tiefe Erinnerungen wecken kann.
Weitere Gesprächsimpulse:

- Was bedeuten diese prophetischen Bilder für Männer, für Frauen?
- Wie gehen wir heute mit diesen Bildern um? Löschen wir sie aus der Bibel, ignorieren sie oder erklären sie als nicht mehr zeitgemäß?
- Kann der biblische Text, so wie er überliefert wurde, uns etwas sagen?

3. Mit dem Bibeltext weitergehen

A: Metaphermeditation: Die TN setzten den Satz für sich fort: »Wenn Gott mein Geliebter, meine Ehefrau ist, dann ...«
B: Zu ruhiger Musik überlegen die TN: Welche Bilder habe ich für meine Beziehung zu Gott?

Propheten sagen nicht
»Alles ist gut!«
sie zeigen Gesicht
und auch ihre Wut.

Sie sehen die Sackgassen
von Macht und Gewalt
und rufen all denen, die hassen:
»Macht Halt!«

Sie sprechen für die,
die stumm sind vor Leid
sie predigen Feuer
und Jahwes Gerechtigkeit.

Sie können nicht schweigen,
vor Herrschern sich neigen
sie gehen herum
und mahnen »Kehrt um!«

Ania Tomczyk

W. Abel

Dieter Bauer

Wer nicht hören will, muss fühlen

Der Prophet Micha ben Jimla und der Krieg (1 Kön 22,1-38)

Der folgende Beitrag wird vom Krieg handeln, vom Krieg der Mächtigen und von der kaum hörbaren Stimme der Ohnmächtigen. Ich kann diesen Beitrag natürlich nicht schreiben, ohne Bezug auf die aktuelle Situation zu nehmen. Vor zwei Tagen sind amerikanische und britische Truppen in den Irak einmarschiert und haben mit dem Bombardement der größeren Städte begonnen. Die diplomatischen Verhandlungen, die diesem Krieg voraus gingen, die Suche nach Koalitionspartnern und die dazu parallel verlaufenden Kriegsvorbereitungen konnten live in den Medien verfolgt werden. Und mancher fühlte sich angesichts dieses kriegerischen Treibens und der verwendeten politischen Mittel zurück versetzt in die Steinzeit.

Nicht ganz zurück bis in die Steinzeit, aber immerhin bis in die Eisenzeit, blickt eine Erzählung des Alten Testaments, in der es ebenfalls um die Kriegsgelüste eines Herrschers und seine Kriegsvorbereitungen geht. Im 1. Buch der Könige, innerhalb der Erzählungen über König Ahab (873-853 v. Chr.), findet sich eine Erzählung über den sonst im Alten Testament unbekannten Propheten Micha ben Jimla. Dieser Erzähltext soll im folgenden in Sinnabschnitten vorgestellt werden:

Wenn einer unbedingt Krieg will

Drei Jahre hatte das Land Ruhe, und gab es keinen Krieg zwischen Aram und Israel. Als im dritten Jahr Joschafat, der König von Juda, zum König von Israel kam, sagte der König von Israel zu seinen Beamten: »Ihr wisst doch, dass Ramot-Gilead uns gehört. Wir aber zögern, es dem König von Aram zu entreißen.«

Vorausgesetzt ist hier, dass das Großreich Davids und Salomos bereits in ein Süd- und Nordreich zerfallen war: Juda mit der alten Hauptstadt Jerusalem und das wesentlich größere und mächtigere Nordreich Israel mit der Hauptstadt Samaria. Das Reich Aram mit seiner Hauptstadt Damaskus lag im Nordosten Israels. Der Besitz der Grenzsstadt Ramot Gilead im Ostjordanland war offensichtlich seit jeher zwischen Aram und Israel umstritten. Zur Zeit der Erzählung war es gerade wieder unter der Herrschaft der Aramäer. Während es sonst immer wieder Kriege und wechselnde Koalitionen zwischen dem Süd- und Nordreich gegeben hatte, scheinen sie nun in Aram einen gemeinsamen Gegner zu sehen.

Und er (der König von Israel) fragte Joschafat: »Würdest du mit mir gegen Ramot-Gilead in den Krieg ziehen?« Dieser antwortete dem König von Israel: »Ich ziehe mit dir, mein Volk mit deinem Volk, meine Pferde mit deinen Pferden.« Joschafat bat aber den König von Israel: »Befrag doch zuvor den Herrn!«

Skeptische Koalitionspartner

Der König von Juda ist zwar prinzipiell bereit, den Kriegszug mitzumachen, will dies aber nicht ohne vorherige Konsultation »des Herrn« tun. Der »Gotteswille« ist ihm wichtig. Ich weiß nicht, ob das bei heutigen Herrschern auch noch so ist, und welche Möglichkeiten sie nützen, etwas über den »Gotteswillen« zu erfahren:

- Gebet
- Klausur und Rückzug aus dem Alltag
- Befragen von Fachleuten (Menschen, die Gott näher stehen)
- Manche befragen sicher auch die Sterne, Horoskope oder Hellseher.

Der König von Israel jedenfalls befragt seine Fachleute, die Propheten, von denen man annehmen sollte, dass sie Gott näher stehen und deshalb auch eher den Gotteswillen verkünden können: *Da versammelte der König von Israel die Propheten, gegen vierhundert Mann, und fragte sie: »Soll ich gegen Ramot-Gilead zu Felde ziehen, oder soll ich es lassen?«*

Die Frage, die der König an seine Propheten richtet, ist eindeutig politischer Natur. Es geht um die Erfolgsaussichten eines geplanten Kriegszuges. Allein, dass diese Frage gestellt ist, zeigt, dass der Fall nicht so ganz klar zu entscheiden war. Auch der König von Juda war sich da unsicher gewesen. Um so überraschender kommt dann die einstimmige Antwort von 400 Propheten: *Sie gaben den Bescheid: »Zieh hinauf! Der Herr gibt die Stadt in die Hand des Königs.«*

Die einstimmige Antwort von 400 Propheten klingt doch sehr nach einem erwünschten Bescheid bzw. danach, dass die Propheten dem König nach dem Munde reden (Waren sie Hofpropheten oder Angestellte des Hofes?). Das merkt auch König Joschafat: *Doch Joschafat sagte: »Ist hier sonst kein Prophet des Herrn, den wir befragen könnten?« Der König von Israel antwortete Joschafat: »Es ist noch einer da, durch den wir den Herrn befragen könnten. Doch ich hasse ihn; denn er weissagt mir nie Gutes, sondern immer nur Schlimmes. Es ist Micha, der Sohn Jimlas.« Joschafat erwiderte: »Der König sage das nicht.«*

Der Verdacht des Königs von Juda bestätigt sich. Offensichtlich gibt es noch einen Propheten, der nicht im Umfeld des Königshofes zu suchen ist und der stets für den König negative Bescheide gibt, ein oppositioneller Prophet also. Wie Joschafat vermutet hat, hat ihn Ahab ganz bewusst nicht zur Beratung beigezogen. Jetzt aber muss er ihn holen lassen: *Da rief der König von Israel einen Hofbeamten herbei und befahl ihm, unverzüglich Micha, den Sohn Jimlas, zu holen.*

In der Zwischenzeit ziehen die 400 Propheten bei Hofe ihre Schau ab: *Der König von Israel und Joschafat, der König von Juda, saßen in königlichen Gewändern auf ihren Thronen. Sie befanden sich auf der Tenne beim Tor Samarias, und alle Propheten weissagten vor ihnen. Zidkija, der Sohn Kenaanas, hatte sich eiserne Hörner gemacht und rief: »So spricht der Herr: Mit diesen wirst du die Aramäer niederstoßen, bis du sie vernichtet hast.« Alle Propheten weissagten in gleicher Weise und riefen: »Zieh nach Ramot-Gilead, und sei erfolgreich; der Herr gibt die Stadt in die Hand des Königs.«*

Theatralische Berater

Das Repertoire der Propheten – Zidkija ben Kenaana scheint ihr Sprecher zu sein – erinnert stark an Straßentheater. Sie unterstreichen ihre Worte durch entsprechende Zeichenhandlungen (Stierverkleidung). Dieses Straßentheater ist an sich noch kein Zeichen dafür, dass die Worte der Propheten zu schwach waren und sie deshalb auf solche Showelemente angewiesen sind (natürlich können sie als solche wie im vorliegenden Fall auch missbraucht werden). Zeichenhandlungen gehören zum typischen Repertoire prophetischen Redens: So wird Jeremia demonstrativ einen Tonkrug zerschlagen (Jer 19,1-13), um auf die drohende Zerschlagung seines Volkes hinzuweisen, oder sich selbst ein Joch auf die Schultern legen, um sein Volk zu überzeugen, dass sie sich dem Joch des babylonischen Königs beugen müssen, wenn sie nicht untergehen wollen (Jer 27f). Und der Prophet Jesaja wird drei Jahre lang total nackt durch Jerusalem laufen, um auf das drohende Schicksal der Kriegsgefangenschaft aufmerksam zu machen (Jes 20,1-6).

Die Stimme der Wahrheit

In der Zwischenzeit ist der Bote des Königs bei Micha ben Jimla angelangt: *Der Bote aber, der Micha holen sollte, redete ihm zu: »Die Worte der Propheten waren ohne Ausnahme günstig für den König. Mögen deine Worte ihren Worten gleichen. Sag daher Gutes an!"* Ganz eindeutig versucht der Bote Micha zu beeinflussen. Spätestens hier ist deutlich, dass der Wille des Königs bekannt war und die Kollegen Michas ihren Herrn nur bestätigen sollten. Doch Micha hat dies nicht vor: *Doch Micha erwiderte: »So wahr der Herr lebt: Nur was der Herr mir sagt, werde ich sagen.«*

Micha fühlt sich allein dem »Herrn« verpflichtet, erkennt also die Macht des Königs in dieser Beziehung nicht an. Man darf gespannt sein, wie jetzt die Konfrontation bei Hofe abläuft: *Als er zum König kam, fragte ihn dieser: »Micha, sollen wir gegen Ramot-Gilead zu Felde ziehen, oder sollen wir es lassen?" Micha antwortete: »Zieh hinauf, und sei erfolgreich! Der Herr gibt die Stadt in die Hand des Königs."*

Wortwörtlich gibt Micha die Worte seiner Prophetenkollegen wieder. Der Leser ist überrascht. Damit hat man ja nun nicht gerechnet. Was ist passiert? Hat der Bote Micha nun doch überzeugt? Oder hat Micha vor dem König klein bei gegeben? *Doch der König entgegnete: »Wie oft muss ich dich beschwören, mir im Namen des Herrn nur die Wahrheit zu sagen?«*

Der König scheint Micha zu gut zu kennen, um sich täuschen zu lassen. Leider haben wir den »Originalton Michas« nicht erhalten. Denn womöglich hätte man auch dem »Ton« entnehmen können, dass er seine Kollegen nur »nachäfft« und damit lächerlich macht. Der König jedenfalls nimmt ihm seine Prophezeiung nicht als wahrheitsgemäß ab, obwohl sie für ihn günstig wäre. So zwingt ihn Micha – wahrscheinlich ganz bewusst – zuzugeben, dass die Aussage der 400 Propheten gelogen und seine Prophetie die Wahrheit sei.

Das ist doch nun aber erstaunlich! Das heißt dann doch, dass der König im Grunde seines Herzens ganz genau weiß, was der Wille Gottes ist. Micha bestätigt sein »Wissen« nur: *Da sagte Micha: »Ich sah ganz Israel über die Berge zerstreut wie Schafe, die keinen Hirten haben. Und der Herr sagte: Sie haben keine Herren mehr. So gehe jeder in Frieden nach Hause.«*

Die »Vision« Michas (»ich sah...«) kann nur bedeuten, dass das Heer Israels in der Schlacht aufgerieben wird, der König fällt (»sie haben keine Herren mehr«) und der Krieg dadurch ein unrühmliches Ende findet. Die anfangs schon befürchtete »schlimme« Weissagung Michas, die der König wider besseres Wissen (!) nur nicht hören wollte, ist also da. Ahab hatte recht mit seinen Vermutungen: *Da wandte sich der König von Israel an Joschafat: »Habe ich es dir nicht gesagt? Er weissagt mir nie Gutes, sondern immer nur Schlimmes.«*

Die falschen Berater werden entlarvt

Micha aber fuhr fort: »Darum – höre das Wort des Herrn: Ich sah den Herrn auf seinem Thron sitzen; das ganze Heer des Himmels stand zu seiner Rechten und seiner Linken. Und der Herr fragte: Wer will Ahab betören, so dass er nach Ramot-Gilead hinaufzieht und dort fällt? Da hatte der eine diesen, der andere jenen Vorschlag. Zuletzt trat der Geist vor, stellte sich vor den Herrn und sagte: Ich werde ihn betören. Der Herr fragte ihn: Auf welche Weise? Er gab zur Antwort: Ich werde mich aufmachen und zu einem Lügengeist im Mund all seiner Propheten werden. Da sagte der Herr: Du wirst ihn betören; du vermagst es. Geh und tu es! So hat der Herr jetzt einen Geist der Lüge in den Mund all deiner Propheten gelegt; denn er hat über dich Unheil beschlossen.«

Die zweite »Vision« Michas ist wesentlich ausführlicher als die erste. Er sieht sich in den himmlischen Thronsaal versetzt und wird eingeweiht in die Pläne Gottes. Nach der Aussage seiner Vision ist der Tod Ahabs im kommenden Feldzug von Gott bereits längst beschlossen. Als ein unabwendbares Schicksal erscheint die Tatsache, dass sich der König nicht von seinen Kriegsgelüsten abbringen lassen wird und dass er auch noch Berater hat, die quasi »zum Lügen verdammt« sind. Das hören natürlich weder der König, noch seine Berater gerne. Und die Antwort folgt auf dem Fuß:

Da trat Zidkija, der Sohn Kenaanas, zu Micha, schlug ihn ins Gesicht und rief: »Wie, sollte denn der Geist des Herrn von mir gewichen sein, um mit dir zu reden?« Micha erwiderte: »Du wirst es an jenem Tag erfahren, an dem du von einem Gemach in das andere eilst, um dich zu verstecken.«

Micha ist sich absolut sicher, dass der Krieg verloren geht, dass die Hofpropheten in Ungnade fallen werden. Trotzdem hört niemand auf ihn, im Gegenteil: *Der König von Israel aber gab den Befehl: »Nehmt Micha fest, führt ihn zum Stadtobersten Amon und zum Prinzen Joasch, und meldet: So spricht der König: Werft diesen Mann ins Gefängnis, und haltet ihn streng bei Brot und Wasser, bis ich wohlbehalten zurückkomme.« Doch Micha erwiderte: »Wenn du wohlbehalten zurückkommst, dann hat der Herr nicht durch mich geredet.«*

Hier sind wir am entscheidenden Punkt angelangt: der Frage nach den Kriterien für »wahre und falsche Propheten«. Erst das Ergebnis des Krieges wird erweisen, wer recht hatte, andere »sichere« Kriterien gibt es nicht. Aber es gibt Indizien:

Wem soll man glauben?

In der Erzählung deutet Micha ben Jimla selbst an (V. 28), wie schwer sich echte von falschen Propheten unterscheiden lassen. Beide berufen sich auf den »Herrn« und sein Wort. Beide versuchen sich durch nicht nachweisbare Hör- und Seherfahrungen auszuweisen. Bei beiden wird allein die Zukunft zeigen, wer recht hatte.

Eine klare Unterscheidung zwischen wahrer und falscher Prophetie ist also unmöglich. Trotzdem gibt es gewisse Kriterien für die Echtheit eines Propheten und seines Engagements:

- die Nonkonformität gegenüber herrschenden Meinungen;
- seine Unabhängigkeit von irgendwelchen »Arbeitgebern« sowie vom Streben nach eigenen Vorteilen;

- seine Einzigartigkeit und seine Außenseiterposition;
- sein Mut, selbst für eine unpopuläre herausfordernde Botschaft einzutreten;
- die Übereinstimmung mit dem Kern des Gottesglaubens;
- sein Versuch, die bestehenden Verhältnisse zu bewegen, statt sie zu stabilisieren;
- seine persönliche Glaubwürdigkeit;
- seine Freiheit von äußeren Autoritäten, eine Freiheit, die sich allein auf die Kraft innerer Erfahrungen stützt, Erfahrungen, die der Prophet als Beauftragung durch Gott versteht.

Prophetie ist also nicht Hellseherei, sondern politische Stellungnahme zu den konkreten Ereignissen mit Blick auf die zukünftigen Konsequenzen, die sich aus dem Handeln in der Gegenwart ergeben. Diese Konsequenzen werden vom Propheten gedeutet als von Gott bestimmter Plan, als von ihm ausgehendes Gericht bzw. von ihm geschenktes Heil.

Das Ende des arroganten Herrschers

Der König wird sein vorherbestimmtes Ende finden. Obwohl er genau weiß, dass Micha die Wahrheit gesprochen hat, zieht er doch in den Krieg. Das ist typisch für die Arroganz der Mächtigen: Ahab setzt sich über das Votum des einzigen wahren Propheten hinweg wie sich auch heute noch die Supermächte wenig um die Bedürfnisse der sonstigen Weltgemeinschaft scheren. Allerdings: Ahab zumindest war nicht wohl dabei, wahrscheinlich auch deshalb, weil er persönlich am Krieg teilnehmen musste. Auch das unterscheidet ihn von heutigen Machthabern, die zwar ihre Truppen in den Krieg schicken, sich selbst aber aus dem Kampfgeschehen heraushalten können. Ahab kann das nicht, deshalb versucht er, sich zu verstecken und so dem Unheil zu entrinnen. Natürlich funktioniert das nicht:

Darauf zog der König von Israel mit Joschafat, dem König von Juda, gegen Ramot-Gilead. Der König von Israel sagte zu Joschafat: »Ich will mich verkleiden und so in den Kampf ziehen. Du aber behalte deine Gewänder an!« So ging der König von Israel verkleidet in den Kampf. Der König von Aram hatte aber den zweiunddreißig Obersten seiner Kriegswagen befohlen: Greift niemanden an, er sei hohen oder niederen Ranges, außer den König von Israel! Als daher die Obersten der Kriegswagen Joschafat erblickten und ihn für den König von Israel hielten, stürmten sie auf ihn ein, so dass er um Hilfe schrie. Doch als sie sahen, dass er nicht der König von Israel war, ließen sie von ihm ab.

Ein Mann aber spannte aufs Geratewohl seinen Bogen und traf den König von Israel zwischen Panzer und Leibgurt. Dieser befahl daher seinem Wagenlenker: Wende um, und bring mich aus der Schlacht; denn ich bin verwundet. Da aber die Schlacht an jenem Tag heftig wurde, blieb der König im Kampf gegen die Aramäer aufrecht im Wagen stehen. Am Abend starb er. Das Blut der Wunde war in das Innere des Wagens geflossen. Bei Sonnenuntergang ließ man im Lager ausrufen: Jeder kehre in seine Stadt, in sein Land zurück! So starb der König; man brachte ihn nach Samaria und begrub ihn dort.

Diese Geschichte wurde natürlich allen kommenden arroganten Herrschern »ins Stammbuch geschrieben«. Trotzdem hat sich bis heute nichts geändert: Die Stimme der Opposition bleibt noch immer ungehört. Wider besseres Wissen setzen sich Mächtige, die es sich meinen leisten zu können, über alle (vernünftigen) Einwände hinweg. Für Oppositionelle, ohnmächtige Berater und Propheten ist dies eine typische Geschichte: Noch nie wurde auf die Stimme der Propheten gehört, nicht in der Bibel und auch heute nicht. Auch Micha ben Jimla ist wahrscheinlich im Kerker vermodert, jedenfalls hören wir später nichts mehr von ihm. Das ist nicht gerade motivierend, heute die Stimme gegen die Mächtigen dieser Welt zu erheben.

Prophetie heute:
»Reden an die Menschheit« – verfasst von Kindern im Religionsunterricht

Hört mir zu, ihr Menschen!
Versucht Gutes statt Böses zu tun.
Teilt das, was ihr habt.
Hört nicht auf die Leute, die sagen: »Krieg, Krieg«.
Schafft alles vom Militär weg.
Bestraft keine Leute, die vor 20 Jahren Unrecht getan haben,
sondern sagt ihnen Gutes.
Lasst alle Kinder in Frieden groß werden.
Lasst alle Mütter ihre Kinder friedlich erziehen.
Meint nicht, dass es Untermenschen gibt, überseht keine Menschen,
sondern ladet sie ein.
Versucht, alle kranken Menschen gesund zu pflegen,
auch wenn sie grässlich aussehen.
Gebt allen Menschen Zeit zum Überlegen.
Niklas, 10 Jahre

Hört mir zu, ihr Menschen!
Findet Frieden zueinander, räumt den Krieg aus der Mitte.
Es ist nicht gut, Menschen umbringen zu wollen, nur weil ihr sie hasst.
Es ist besser, wenn Frieden herrscht und alle sich vertragen,
so dass es das Wort Krieg nicht mehr gibt.
Kehrt mit Besen den Krieg aus der Welt.
Anne, 10 Jahre

Hört mir zu, ihr Menschen!
Ich finde Streit eigentlich ganz gut, aber Geschwisterstreit.
Ihr, die Erwachsenen, macht Streit zu einer richtigen brutalen Art,
ihr tötet für Geld. Ihr tötet Menschen,
ohne dass ihr wisst, wer er ist, und das kann ich nicht haben.
Ohne Streit kann ich nicht leben, aber ich kann auch nicht mit Streit leben,
weil ihr aus Streit tot macht.
Susanne, 10 Jahre

Aus: Rainer Oberthür, Kinder fragen nach Leid und Gott, München: Kösel 1998, 133ff.

Bibelarbeit

1. Auf den Bibeltext zugehen

Imaginationsübung »Selber König(in) sein«:
Die Teilnehmerinnen und Teilnehmer (TN) setzen sich bequem hin. Die Leiterin / der Leiter (L) lädt dazu ein, sich in die Rolle eines Herrschers / einer Herrscherin hineinzuversetzen: »Ich bin König(in) eines ganzen Volkes. Ich bin für das Wohlergehen, aber auch für die Sicherheit meiner Untertanen verantwortlich. Unser Nachbarland hat eine unserer Städte an der Grenze erobert. Wenn ich nichts dagegen unternehme, wird es mir als Schwäche ausgelegt. Was soll ich tun? Wer kann mir helfen?«
Zweiergruppen: Nach einer kurzen Besinnungspause tauschen sich je zwei TN darüber aus, was sie tun würden, bzw. wen sie um Rat fragen würden ...

2. Dem Bibeltext begegnen

L führt kurz in die historische Situation ein, in der der Text spielt. Dann wird der Text 1 Kön 22,1-14 (!) gelesen. L teilt in drei Gruppen ein:

- Der Koalitionspartner: Joschafat
- Die Sicherheitsexperten: Die 400 Hofpropheten
- Die Opposition: Micha ben Jimla

Die Fragestellung für die Gruppen lautet jeweils:
Kann Ihre Gruppe dem König Ahab wirklich helfen? Wie? Warum (nicht)?

Dann tauschen die Gruppen ihre Beratungsergebnisse aus.
Erst dann wird der Text weitergelesen bis V. 28.
Es folgt ein Gespräch in der Gesamtgruppe:

- Wie verstehen Sie die beiden Visionen Michas? Wie könnten solche Visionen heute aussehen?
- Wie müsste sich der König ändern, dass ihm wirklich geholfen werden kann?

3. Mit dem Bibeltext weitergehen •→

Miteinander wird der furchtbare Schluss der Geschichte gelesen.
Anschließend gemeinsame Besinnung:

- Wo handeln auch wir oft wider besseres Wissen und rennen in unser eigenen Unheil?
- Wo ist das Wort Gottes wirklich zu hören?
- Woher kommt die Stimme der Propheten heute?

I Wende dein Gesicht
dem Licht zu
und mach dich
auf den Weg

Die Schatten
folgen dir
doch sie können
dich nicht aufhalten

Sie liegen
hinter dir
du aber schreitest
voran
aufrecht

II Mauern werden aufgebaut
durch unbedachte Worte
»Doch sieh, ich mache alles neu!«
Es blüht, was einst verdorrte.

Es werden Mauern abgebaut
durch liebevolle Worte
und sei der erste Schritt noch scheu
es wachsen Hoffnungsorte.

Ania Tomczyk

W.Ab

Juan Peter Miranda

Mit der Erinnerung nach vorn schauen

Tröstende Worte in Jes 43,16-21

Jahr für Jahr ziehen die Mitglieder des Oranier-Ordens durch die Straßen nordirischer Städte in Erinnerung an den Sieg von Wilhelm III. von Oranien über Jakob II. bei der Schlacht am Boyne-Fluss am 1.7.1690. Die einen feiern ihre Vormachtstellung, die anderen werden gedemütigt, und die Kluft zwischen Protestanten und Katholiken wurde und wird immer noch nicht kleiner. Die Feier zum Gedächtnis des Sieges – wie es sie tausendfach auf der Welt gibt – klebt an Vergangenem und hat keine Öffnung zur Zukunft.

Es gibt auch Erinnerungen, die zukunftsträchtig sind. Die Erinnerung an das Opfer des Holocaust beschwört eine Zukunft ohne Rassenwahn oder Völkerhass. Auch die vor kurzem begangene Feier zum 40-jährigen Bestehen des deutsch-französischen Elysée-Vertrages beschwört die enge deutsch-französische Freundschaft und zielt auf eine Stärkung dieser Beziehung. Es gibt Erinnerungen, die nach vorn schauen und produktive Kräfte entfalten. Vor ungefähr 2500 Jahren trat ein Prophet, Deuterojesaja genannt, im Babylonischen Exil auf. Ausweglosigkeit, Trostlosigkeit und Resignation kennzeichneten die langen Jahre und Jahrzehnte der Verbannung. Verloren waren das Land, das Jahwe seinem Volk zum Erbe gab, und auch das Königtum, dem er festen Bestand versprach. Der Tempel, die Stätte der sichtbaren Gegenwart Gottes unter seinem Volk, war zerstört und geschändet. Zeugnisse jener Zeit führen uns die tiefe Depression und aussichtslose Stimmung der Verbannten vor Augen. Der Prophet Ezechiel, der gleich Deuterojesaja auch im Exil gewirkt hatte, formuliert in seiner Vision von den Totengebeinen die trostlose Situation: »*... diese Gebeine sind das ganze Haus Israel. Jetzt sagt Israel: Ausgetrocknet sind unsere Gebeine, unsere Hoffnung ist untergegangen, wir sind verloren*« (Ez 37,11). Schlimm genug war schon diese Hoffnungslosigkeit, noch schlimmer bedrückte diese gottgläubigen Menschen das Gefühl, von Gott selber verlassen zu sein. Ihre Klage steigerte sich bis zur Anklage gegen Gott: »*Der Herr hat uns verlassen, Gott hat uns vergessen*«, dokumentiert Deuterojesaja an anderer Stelle (Jes 49,14). »*Du hast dich in Wolken gehüllt, kein Gebet kann sie durchstoßen. Zu Unrat und Auswurf hast du uns gemacht inmitten der Völker*«, lesen wir in den Klageliedern (Klgl 3,44). Und angesichts der pompösen Machtdemonstration der Götterprozessionen auf den Prachtstraßen Babels verschärft sich die Klage in der Gottesfrage: Sind denn die Götter Babels mächtiger als Jahwe?

In dieser Situation greift Deuterojesaja in seiner prophetischen Verkündigung auf die Exodustradition und auf den Schöpfungsglauben zurück. Auf diesen beiden Grundpfeilern ruht die Heilsbotschaft Deuterojesajas.

Wer wünscht sich nicht einen starken Gott?

Ein von einem älteren Kind geschlagener Junge pflegt zu sagen: Ich sage es meinem Vater bzw. großen Bruder! Er wünscht sich den Beistand eines Stärkeren, der den Übeltäter zur Räson bringt. Wenn der Prophet angesichts der Exilssituation in Babel an die martialische Schilderung des Auszugs aus Ägypten anknüpft, so drückt sich darin nicht ein kindlicher Vergeltungswunsch aus, sondern die verständliche Wut eines Ohnmächtigen:

»*So hat Jahwe gesagt,*
der da gab im Meer den Weg
und in starken Wassern den Pfad,
Der da ausziehen ließ Wagen und Ross,

Streitmacht und Gewaltige zumal –
Sie legten sich hin, erhoben sich nimmer,
sie waren erloschen, wie der Docht verglommen«
(Jes 43,16-17).

In hymnischem Stil drückt der Prophet die Erinnerung an die wunderbare Rettungstat Gottes am Schilfmeer aus. Ägypten, der Pharao und auch Israel werden nicht namentlich genannt. Jahwe, der Gott Israels, ist der Handelnde. Er ist es, der im gefährlichen Chaoswasser einen Befreiungsweg bahnte; er ist es, der Wagen und Ross mit einer gewaltigen Streitmacht zur Selbstvernichtung herausführt. Wie ein Klagelied lautet die Feststellung: *»Da liegen sie, stehen nicht mehr auf, verloschen, verglommen wie ein Docht«*. Lebensgefahr und Verhinderung der Befreiung schaltet Gott selber aus. Mit dem Bild eines mächtigen Gottes wird dem müde gewordenen Volk vor Augen geführt, dass Jahwe ihm Stärke und Lebenswillen schenken wird.

Deuterojesaja, der sein eigenes Wirken als ein Nicht-Auslöschen des noch glimmenden Dochts auffasst (Jes 42,3), malt das Ende des ägyptischen Heeres als das Verglühen eines Dochts aus. Das mag uns überraschen, ist aber wohl beabsichtigt. Den martialisch beschriebenen ersten Exodus aus Ägypten wird der Prophet dann im dritten Abschnitt unseres Liedes (V. 19b-20) mit dem friedlich-feierlichen und gewaltfreien Auszug aus dem Babylonischen Exil kontrastieren. Dort ist gerade von einem Gerichtshandeln Gottes an den Unterdrückern nicht die Rede. Dass etwa »die Bösen« vernichtet werden sollen, davon hören wir nichts.

Vergiss das!

Unvermittelt fordert der Prophet seine Hörer mit den Worten auf:
»Nicht mehr gedenket des Früheren
und des Vorigen achtet nicht mehr!« (Jes 43,18)

Hat Deuterojesaja denn nicht selber auch das Gegenteil gesagt? *»Denkt an das, was früher galt, in uralten Zeiten«* (Jes 46,9)? Um diesen Widerspruch zu lösen, wurden folgende Interpretationen vorgeschlagen: das Frühere meint nicht den Exodus, sondern die Jahrzehnte des Lebens im Exil oder der Satz wird einfach rhetorisch aufgefasst als Aufmerksamkeitssignal. Auf keinen Fall will der Prophet die Exodustradition, die er ausgiebig benutzt, abwerten. Er dürfte sich damit eher Bestrebungen entgegenstellen, die die vergangene Geschichte Israels inklusive des Exodusgeschehens angesichts der trostlosen Lage vergolden, getreu dem Motto: »Früher war alles besser!« Deuterojesaja sagt seinen Landsleuten klipp und klar, sie sollen nicht immer nur jammern und klagen. Die Forderung des Propheten will auch jener anderen Haltung seiner Volksgenossen im Exil widersprechen, die sich mit der Unterdrückermacht arrangiert und sich in Babylon als neuer Heimat nun behaglich niedergelassen haben.

Deuterojesaja beschwichtigt also nicht mit einem »Vergesst es einfach!« Er fordert, sich frei zu machen vom Ballast alles Vergangenen, um wirklich frei zu sein für Neues. Und als Theologe deutet er die früheren Heilserfahrungen als nicht abgeschlossen, sondern offen für eine Zukunft, die größer ist als die Vergangenheit und die Gegenwart.

Spuren des Neuen wahrnehmen!

»Siehe, ich mache ein Neues! Es sprosst ja schon, merkt ihr's denn nicht?«
(Jes 43,19a)

So ermahnt Deuterojesaja eindringlich seine Leidensgenossen im Exil, sie sollen die Augen endlich aufmachen und in der Verbannung, auch in der depressiven Stimmung, bereits die ersten Zeichen der kommenden Rettung sehen. Seine wachen prophetischen Augen konnten ihn im Siegeszug des Kyrus erste Anzeichen einer Wende sehen lassen. Aber auch kleine

Hoffnungszeichen, kleine Gesten von Freundlichkeit und Liebe können oft Wunder wirken: Für Menschen, die einander hassten, kann ein Händedruck der Anfang für ein friedliches Miteinander sein, so wie der zunächst verheißungsvolle Händedruck zwischen Arafat und Rabin.

Das Zweite Vatikanische Konzil sprach von der Aufgabe der Kirche, sie solle die »Zeichen der Zeit« erspüren und sie im Licht des Glaubens deuten. Unter »Zeichen der Zeit« verstand man zum einen mehr die großen Zeichen der Weltgeschichte, zum anderen betonte man stärker die Notwendigkeit einer Unterscheidung der vielen »Zeichen der Zeit«. Aber uns soll es nicht nur um das Lesen der großen Zeichen gehen. Auch wir können überall Zeichen dafür entdecken, dass das Neue im Kommen ist, dass es immer im Kommen ist für den, dessen Augen scharf genug sehen und nicht nachlassen, es zu erspähen.

Die Umwandlung des Lebenswidrigen in Segen

»Ja, ich lege
in der Steppe einen Weg,
in der Einöde Ströme.«
Es wird mich ehren das Wild des Feldes,
Schakale und Straußenvögel,
weil ich geschenkt hab' in der Steppe Wasser,
Ströme in der Einöde,
zu tränken mein Volk, mein erwähltes,
das Volk, das ich gebildet für mich«
(Jes 43,19b-21a).

In einer Zeit tiefer Depression haben Visionäre es schwer. Utopie wird nicht gefragt. Heute verpönt, ist sie aber nötiger denn je. *»Ohne Vision verwildert das Volk«*, ermahnt das Buch der Sprüche (Spr 29,18). Als Deuterojesaja seinem Volk die Botschaft vom Neuen vorbrachte, wird diese nicht von allen mit offenem Ohr empfangen worden sein. Sein Geschick, sein Märtyrertod, von dem im vierten Gottesknechtslied (Jes 42,13-43,12) die Rede ist, deutet auf Ablehnung hin. Aber er hat Recht behalten. 50 Jahre Verbannung gingen mit der Eroberung Babylons durch den Perserkönig Kyrus zu Ende. Endlich konnten die verschleppten Juden in ihre Heimat zurückkehren. Überschwänglich besingt Deuterojesaja das Neue: die Heimführung der Verbannten. Es übertrifft bei weitem die Herausführung aus Ägypten. Durch die unwegsame Wüste zieht gleich den prächtigen Prozessionsstraßen Babels eine breite wunderbare Straße, selbst die wilden Tiere begrüßen freudig die Heimkehrenden mit dem Lob Gottes, und Steppe und Wüste spenden das lebenserhaltende Wasser. Die grandiosen Bilder der Verwandlung der Wüste betonen die Schöpfermacht Gottes im Handeln mit seinem Volk. Diese Bilder übersteigen das geschichtliche Moment der Heimkehr, sie schießen darüber hinaus und schließen die Umgestaltung der Wüste in ein wasserspendendes, fruchtbares Land, in ein Paradies ein. In dem an Deuterojesaja erinnernden Kapitel 35 des Jesajabuches finden wir herrliche Bilder, die die Verwandlung der Wüste beschreiben: *»Die Wüste und das trockene Land sollen sich freuen, die Steppe soll jubeln und blühen. Sie soll prächtig blühen wie eine Lilie, jubeln soll sie, jubeln und jauchzen ... In der Wüste brechen Quellen hervor, und Bäche fließen in der Steppe. Der glühende Sand wird zum Teich und das durstige Land zu sprudelnden Quellen. An dem Ort, wo jetzt die Schakale sich lagern, gibt es dann Gras, Schilfrohr und Binsen«* (Jes 35,1-2a.6b-7).

Das Heil, das Neue, von dem Deuterojesaja spricht, ist allumfassend; es schließt die Heimkehr, den Neuanfang des Volkes sowie den Umbau der Umwelt zu einem alles bergenden Lebenshaus ein. So wird das jämmerliche Klagelied in einen herrlichen Lobgesang umgeschrieben. Die Tiere singen ihn den Menschen vor, jetzt sind sie gefragt, gefordert, endlich Gott anzuerkennen und in den großen Lobpreis einzustimmen. Gottes Tat an seinem Volk ist Erweis seiner tiefsten Zuneigung; es ist Gottes Volk: *»mein Volk, mein erwähltes, das Volk, das ich gebildet für mich«* (Jes 43,20f).

Gott loben – Existenzgrund Israels

»Meinen Ruhm werden sie erzählen.« (Jes 43,21b)

Gottes Rettungstaten finden Echo im Lobpreis seines Volkes. Israel ist der Resonanzboden des göttlichen Lobpreises. Das Lob der Heilstaten Gottes begründet die Existenz Israels: *»Wir aber, dein Volk, die Schafe deiner Weide, wollen dir ewig danken, deinen Ruhm verkünden von Geschlecht zu Geschlecht«* (Ps 79,13). Im Lobpreis Gottes wird die Kontinuität der Treue Gottes im Wechsel der Generationen dokumentiert: *»Was wir hörten und erfuhren, was uns die Väter erzählten, das wollen wir unseren Kindern nicht verbergen, sondern dem kommenden Geschlecht erzählen: die ruhmreichen Taten und die Stärke des Herrn, die Wunder, die er getan hat«* (Ps 78,3f). Das Gotteslob macht Israel zum Zeugen der großen Taten Jahwes vor allen Völkern: *»Singt dem Herrn und preist seinen Namen, verkündet sein Heil von Tag zu Tag! Erzählt bei den Völkern von seiner Herrlichkeit, bei allen Nationen von seinen Wundern! Denn groß ist der Herr und hoch zu preisen, mehr zu fürchten als alle Götter«* (Ps 96,2-4). Und schließlich verbindet der Lobpreis Gottes Mensch und Volk mit seinem göttlichen Ursprung und beugt zugleich Hybris und Größenwahn vor.

Aus der Erinnerung nach vorn schauen

Es gibt ein lebensförderndes, fruchtbares und ein lebensgefährdendes, unfruchtbares Umgehen mit der Vergangenheit. Deuterojesaja ist ein Beispiel für das erstere. Er schwärmt nicht von einer besseren alten Zeit. Er benutzt konstruktiv die alten Überlieferungen, um das Heute und die Zukunft zu beleuchten. Auch die edelsten Traditionen verkommen zu Fesseln und werden zum Blendwerk, wenn sie nur rezitiert oder dazu benutzt werden, den Status quo zu rechtfertigen. Deuterojesaja zeigt uns, wie Erinnerung zu einem Schauen nach vorn wird.

Unheil und Heil als Pole der prophetischen Botschaft

Ähnlich wie in den Psalmen finden sich bei den Propheten Sätze, die auch heute noch in ihrer direkten Anrede »ins Herz treffen« können. Ihre Botschaft bewegt sich zwischen zwei Polen: Anklage und Trost. Einerseits klagen die Propheten ungerechte Zustände in ihrer Gesellschaft an. Sie haben einen scharfen Blick auf die Wirklichkeit und nehmen kein Blatt vor den Mund. Sie sehen politische Katastrophen und Zusammenbrüche des gesellschaftlichen Systems kommen und rufen vor diesem Hintergrund zur Umkehr auf. In ihrer Schärfe sind sie erschreckend und verstörend, aber in ihnen spricht ein leidenschaftlicher Gott, der nicht willkürlich tobt, sondern Recht und Gerechtigkeit durchsetzen will. Deutlich nennen die Propheten das Unrecht beim Namen:
»Weh denen, die sich ein Haus nach dem andern hinstellen und ein Feld nach dem andern kaufen, bis kein Grundstück mehr übrig ist und sie das ganze Land besitzen!« (Jes 5,8)
»Geht gerecht miteinander um; nutzt nicht Fremde, Waisen und Witwen aus; vergießt nicht das Blut unschuldiger Menschen!« (Jer 7,5-6)

Andererseits sprechen Propheten Worte des Trostes und der Ermutigung. Sie richten das am Boden liegende Volk auf und beleben es durch neue Visionen und durch die Erinnerung an den guten Schöpfergott. Sie rufen in Erinnerung, dass das Heil allein von Gott ausgeht. Dieser Glaube an einen Gott, der das Leben will, gibt Vertrauen sogar nach Katastrophen wie Vertreibung oder Exilssituation:
»Ich habe dich bei deinem Namen gerufen, du gehörst mir!« (Jes 43,1)
»Du bist in meinen Augen wertvoll und herrlich!« (Jes 43,4)
»Ich werde euch trösten, wie eine Mutter tröstet!« (Jes 66,13)
»Ich verwandle ihre Trauer in Jubel, ihren Kummer in Freude!« (Jer 31,13)

Auch für die Bilder und Reden der Propheten gilt: »Was die Bibel für uns leistet, ist so etwas wie eine Alphabetisierung in der Sprache der Hoffnung« (Ingo Baldermann).

Bibelarbeit

1. Auf den Bibeltext zugehen

A: *Eine Klagemauer gestalten*

Auf das Stichwort »früher war es besser«, das auf einem Plakat für alle sichtbar ist, schreiben die Teilnehmerinnen und Teilnehmer (TN) zunächst in der Stille ein Wort oder einen Satz auf und kleben das Blatt auf der vorbereiteten Klagemauer oder an der Wand fest. Die TN schauen sich anschließend die Klagemauer an und tauschen sich über die schriftlich mitgeteilten Erfahrungen aus.

B: *Mit biblischen Figuren einen klagenden Menschen darstellen*

Die TN werden eingeladen, Kleingruppen zu bilden und mit den bereitgestellten biblischen Figuren einen klagenden Menschen zu stellen. Nachdem alle die Darstellung ausgearbeitet oder sich gegenseitig »korrigiert« haben, sprechen sie über das Gesehene und die eigenen Erfahrungen.

2. Dem Bibeltext begegnen

1. Der Bibeltext (Jes 43,16-21), der ein Lied oder Gedicht ist, wird zunächst gehört. Ein(e) geübte(r) Sprecher/in trägt den Text laut vor.
2. Der Text wird den TN auf einem Arbeitsblatt in die Hand gegeben. Die TN unterstreichen mit blau oder grün Wörter oder Sätze, die ihnen Freude oder Hoffnung geben, und mit rot oder schwarz Wörter oder Sätze, die ihnen eher Angst machen. Anschließend tauschen die TN ihre Erfahrungen aus.
3. Der Leiter / die Leiterin (L) versucht zusammen mit den TN den Text zu

strukturieren. Dabei können folgende Fragen oder Beobachtungsaufgaben hilfreich sein:

- Wie lautet der Anfang des Textes, wie der Schluss?
- Wo begegnen uns formelhafte Wendungen im Text?
- An welcher Stelle wird der Adressat direkt angesprochen?

4. Die TN betrachten den Text näher anhand folgender Fragen:
   - An welcher Tradition knüpft der Text an?
   - Wie spricht der erste Teil des Textes von Gott, wie der zweite Teil? Sehen Sie hier Kontraste und Steigerung?
   - Worin besteht für Sie das Neue des Handelns Gottes?

Die TN teilen die Ergebnisse in der Gruppe mit. L geht auf offene Fragen ein.

3. Mit dem Bibeltext weitergehen

A: Die TN hören eine Vertonung von Ps 126 (z. B. von Heinrich Schütz) an.

B: Die TN gestalten mit bereitgelegten Gegenständen (Sand, Blumen, Tücher) einen Weg im Raum und ziehen feierlich mit Jubelgesängen (Halleluja) in einer Prozession durch den Raum.

Empfehlenswerte Literatur

Butting, Klara, Prophetinnen gefragt. Die Bedeutung der Prophetinnen im Kanon aus Tora und Prophetie, Wittingen: Erev-Rav 2001.

Bechmann, Ulrike, Sei Prophetin! Bibelarbeit zu Maria als Prophetin, besonders zum Magnifikat Lk 1,46-55, in: B. Eltrop/A. Hecht (Hg.); Frauenbilder, FrauenBibelArbeit Bd. 1, Stuttgart: Verlag Katholisches Bibelwerk 1998, 57-68.

Fischer, Georg, Betroffen von Gottes Wort. Prophetie damals und heute, in: K. Huber/ B. Repschinski (Hg.), Wort zum Leben, die Bibel. Beiträge zum Jahr der Bibel, Innsbruck: Tyrolia 2001.

Fischer, Irmtraud, Gotteskünderinnen. Zu einer geschlechterfairen Deutung des Phänomens der Prophetie und der Prophetinnen in der Hebräischen Bibel, Stuttgart: Kohlhammer 2002.

Kegler, Jürgen, Prophetischer Widerstand; in: V. Eid (Hg.), Prophetie und Widerstand. (Theologie zur Zeit 5), Düsseldorf: Patmos 1989, 90-141.

Prophetie und Charisma (Jahrbuch für Biblische Theologie 14), Neukirchen-Vluyn: Neukirchener Verlag 1999.

Stöhr, Martin, Erinnern für die Zukunft, in: D. Sölle (Hg.) Für Gerechtigkeit streiten. Theologie im Alltag einer bedrohten Welt, Gütersloh 1994, 168-173.

Wiesel, Elie, Von Gott gepackt. Prophetische Gestalten, Freiburg: Herder ^{4}1989.

Artikel Prophet/Prophetenbücher/Prophetenerzählung/Prophetie im Alten Orient/Prophetin, in: M. Görg/B. Lang (Hg.), Neues Bibel-Lexikon Bd. 3, 172ff, Zürich/Düsseldorf: Benziger 1997.

Artikel Prophetenbücher/Prophetie, in: U. Bechmann/M. Fander (Hg.), Grundbegriffe zum Alten und Neuen Testament, München: Don Bosco Verlag 2003.

Kommentare zu den einzelnen Prophetenbüchern in der Reihe: Neuer Stuttgarter Kommentar: Altes Testament (NSKAT), Stuttgart: Verlag Katholisches Bibelwerk.

http://www.ekd.de/initiative/bibel_propheten.html

Unkonventionell wird die Geschichte der Propheten hier nacherzählt, so dass sie für jede/n interessant und spannend ist.

Mitarbeiterinnen und Mitarbeiter

Dr. Egbert Ballhorn (geb. 1967), Referent für Biblische Theologie und Dozent am Priesterseminar im Bistum Hildesheim. Anschrift: Referat für theologische und pastorale Fortbildung, Neue Straße 3, 31134 Hildesheim.

Dipl. Theol. Dieter Bauer (geb. 1956), Direktor des Schweizerischen Katholischen Bibelwerks. Anschrift: Ludwigstraße 18, 73240 Wendlingen.

Dr. Bettina Eltrop (geb. 1961), Wissenschaftliche Mitarbeiterin beim Katholischen Bibelwerk e.V. Anschrift: Kemnater Straße 35, 73760 Ostfildern-Ruit.

Dipl.-Theol. Helga Kaiser (geb. 1971), Wissenschaftliche Mitarbeiterin beim Katholischen Bibelwerk e.V. Anschrift: Hauptmannsreute 42b, 70193 Stuttgart.

Dipl.-Theol. Barbara D. Leicht (geb. 1963), Wissenschaftliche Mitarbeiterin beim Katholischen Bibelwerk e.V. Anschrift: Silberburgstraße 121, 70176 Stuttgart.

DDr. Juan-Peter Miranda (geb. 1940), Wissenschaftlicher Mitarbeiter beim Katholischen Bibelwerk e.V. Anschrift: Esslinger Str. 20, 71732 Tamm.

Dr. Franz-Josef Ortkemper (geb. 1939), Direktor des Katholischen Bibelwerks e.V. Anschrift: Lenaustraße 6, 71332 Waiblingen.

Annegret Puttkammer (geb. 1963), Gemeindepfarrerin in Bad Soden-Neuenhain. Anschrift: Herrngasse 7, 65812 Bad Soden am Taunus.

Dipl.-Theol. Hans-Joachim Remmert (geb. 1961), Pastoralreferent in Dagersheim/Darmsheim und Freier Mitarbeiter beim Katholischen Bibelwerk e.V. Anschrift: Tessiner Str. 13, 71069 Sindelfingen.

Dr. Gabriele Theuer (geb. 1965), Wissenschaftliche Mitarbeiterin am Lehrstuhl für Religionspädagogik der Universität Frankfurt und Freie Mitarbeiterin beim Katholischen Bibelwerk e.V. Anschrift: Reichsburgstraße 8, 60489 Frankfurt.

Dipl.-Theol. Bettina Wellmann (geb. 1971), Wissenschaftliche Mitarbeiterin beim Katholischen Bibelwerk e.V. Anschrift: Kornbergstraße 11, 70176 Stuttgart.

Zeichnungen / Gedichte:

Wolfgang Abel (geb. 1927), Industriekaufmann im Ruhestand, zeichnet seit seiner Jugend, Anschrift: Buschloher Str. 17, 58515 Lüdenscheid.

M.A. Ania Tomczyk (geb. 1973), Romanistin und Anglistin, promoviert in Englischer Literatur. Anschrift: Bajastraße 18, 71334 Waiblingen.

Quellenhinweise

Zeichnungen:

S. 7, 21, 33, 45, 57, 69, 81, 95, 107, 117, 131: © Wolfgang Abel, Lüdenscheid

Titelfoto:

© BilderBox, A-4062 Thening

Cartoon:

S. 93: © Löwensteiner Cartoon Service 1689 Weiss; S. 129: © Löwensteiner Cartoon Service 759 Jujka

Gedichttexte:

S. 6, 20, 32, 44, 56, 68, 80, 94, 106, 116, 130: © Ania Tomczyk, Waiblingen

Zitierte Bibeltexte aus:

- Einheitsübersetzung der Heiligen Schrift, © Katholische Bibelanstalt, Stuttgart 1980.
- Gute Nachricht Bibel, © Deutsche Bibelgesellschaft, Stuttgart 1997.

Trotz aller Bemühungen konnten die Urheberrechte leider nicht in jedem Fall ermittelt werden. Wir bitten gegebenenfalls um Mitteilung.